冷启动②

低成本获客与销售转化

高臻臻◎著

人民邮电出版社

北京

图书在版编目（CIP）数据

冷启动. 2, 低成本获客与销售转化 / 高臻臻著. --
北京 : 人民邮电出版社, 2022.7（2023.10重印）
ISBN 978-7-115-58889-0

Ⅰ. ①冷… Ⅱ. ①高… Ⅲ. ①市场营销学 Ⅳ.
①F713.50

中国版本图书馆CIP数据核字（2022）第045570号

内 容 提 要

本书针对门店创业者、经营者做门店营销时遇到的预算不足、缺乏用户、市场难打开、吸引流量难及转化难等痛点，系统、全面、具体地介绍了门店冷启动的思维和实用的策略、技巧，以帮助门店创业者、经营者实现零成本或低成本启动，实现业绩从0到1再到n的爆发式增长。

全书共分为7章，第1章主要阐述了门店冷启动的思维逻辑，包括什么是门店冷启动、门店生意好坏的底层逻辑、门店营销的4个关键词、4大产品矩阵、新营销思维、升维创新6个方面的内容。第2~7章主要阐述了门店冷启动的策略、方法，包括项目冷启动，如何从0到1开一家赚钱的门店；品牌冷启动，从文化创新中找到商业切入点；市场冷启动，如何获得第一批"种子"顾客；引流冷启动，实现从1到n的爆发式增长；转化冷启动，如何打造"私域流量池"；升级冷启动，如何打开老店的新市场。

本书结构清晰，拥有一套系统、具体、可操作性强的门店冷启动策略和技巧，以及大量典型的冷启动案例，可以让门店创业者、经营者更直观地了解门店冷启动的底层逻辑以及如何运用门店冷启动的策略、技巧。

◆ 著　　　　　高臻臻

　　责任编辑　马　霞

　　责任印制　周昇亮

◆ 人民邮电出版社出版发行　　北京市丰台区成寿寺路 11 号
　　邮编　100164　　电子邮件　315@ptpress.com.cn
　　网址　https://www.ptpress.com.cn

　　北京虎彩文化传播有限公司印刷

◆ 开本：700×1000　1/16

　　印张：14.75　　　　　　　　2022 年 7 月第 1 版

　　字数：195 千字　　　　　　 2023 年 10 月北京第 5 次印刷

定价：79.80 元

读者服务热线：**(010)81055296**　印装质量热线：**(010)81055316**
反盗版热线：**(010)81055315**
广告经营许可证：**京东市监广登字 20170147 号**

前言

互联网时代是一个高速发展的时代，商业活动频次增加。在这种形式下，很多创业者没有办法像以前那样，等一切都准备好了再开启自己的创业之路。在互联网时代，要想成功，就要小步快跑，为了避免增加成本，最简单的方式就是先低成本试错，再快速调整、迭代。

例如，以前制作一件商品，必须先花很多钱建厂，再生产。之所以必须按照这种流程去做，是因为以前是卖方市场，只要有产品就能卖出去。但是，互联网时代是买方市场，更适合先低成本试错，检验市场，再做大规模。

这时，问题就出现了。很多门店经营者会问："在物价不断上涨的时代，如何实现冷启动，零成本做营销呢？"这本书就是来帮助门店创业者和经营者解决这个问题的。

本书共分为7章，运用了大量实际案例，从专业角度为读者提供解决问题的思路和方法。

第1章：从"什么是门店冷启动"切入，详细解读了什么是冷启动，门店要如何做才能开启冷启动之路。

第2章：用具体的案例详细阐述了一个好的项目应该如何做才能实现冷启动。

第3章：品牌冷启动不能只从表面创新，还要从文化创新中寻找商业切入口。

第4章：第一批"种子"顾客对任何门店来说都是持续经营并发展的

关键，本章围绕如何获得"种子"顾客这个问题提供了切实、可操作的方法和策略。

第 5 章：在重视流量的时代，如何为门店吸引流量，让门店实现从 1 到 n 的爆发式增长？这一章会具体回答这个问题。

第 6 章：如何将流量"据为私有"，让顾客都成为自己的忠实顾客？这一章将为读者提供落地的方法。

第 7 章：在市场瞬息万变的时代，还应当根据市场需求对门店进行升级，尤其是老店更应该升级以打开新市场。

本书根据个人的实战经验编写，深入解析了零成本做营销的巨大优势，并用丰富的冷启动案例为各行各业如何零成本做营销提供了可实际操作的解决方案，手把手教读者做营销，以及如何把一件产品打造成爆款。

本书在创作过程中得到了百亿姐、陈浩兵、陈宏魁、邓怡、董远甲、冯丽晖、付焱鑫、高山正、高熙果而、黄治斌、廖大勇、李姝、李咏梅、马平平、史海洲、谭海林、吴阳波、王建军、王坤林、王智平、王中磊、徐超强、张泉灵、周围等人的关心和帮助，在此一并表示感谢。

目录

03

品牌冷启动：从文化创新中找到商业切入点

04

市场冷启动：如何获得第一批"种子"顾客

05

引流冷启动：实现从1到n的爆发式增长

06

转化冷启动：如何打造"私域流量池"

07

升级冷启动：如何打开老店的新市场

门店冷启动：
如何低成本做门店营销

很多创业者会被困在如何"发挥自身资源优势""找准项目优势""做省钱且有效的营销"的问题里。解决这些问题的方法其实很简单，那就是采取冷启动的方式，低成本做营销。

什么是门店冷启动

冷启动，就是指低成本做营销。从本质上说，冷启动是用创新的方式来整合资源，促成资源之间互相借力，减少"硬成本"的投入。尤其在互联网时代，做营销需要的资金投入大，很多门店根本担负不起这笔营销费用，所以更要学会通过资源整合、资源借力，做省钱、有效的营销。

具体来说，冷启动对门店创业者和经营者的价值主要体现在以下三个方面。

门店冷启动的价值

突出人的价值

互联网时代非常明显的一个特征就是突出了人的价值。以往，创业团队会筹集资金投资建厂，再根据投资比例来分红。而在互联网时代，如果投资者只投入资金，可能只有很少的股份，投入时间和精力的管理者持股比例很高。相比之下，互联网时代更加突出人的价值。也进一步说明，人才是这个时代宝贵的资源。

低成本做营销突出的就是人的价值，强调创业者和经营者通过自己的思考和能力整合资源、利用资源，进而实现成功创业。从某种程度上说，冷启动做营销是互联网时代发展的产物，也是创业者顺应时代发展必备的能力。

减少"硬成本"的投入

市场上很多项目的启动成本很高，效果却难以评估。一些门店的项目资金少，很难大量投入资金进行推广。因此，冷启动成了门店最为经济的营销方法之一。

把握更多的机遇

以往我们谈及冷启动，似乎是一件不太可能的事情，因此很多想创业开门店的人望而却步。在互联网时代，只要你能够发散思维，懂得利用资源，向外借力，就可以实现冷启动，通过低成本营销打开自己的"创业之门"。

门店生意好坏的底层逻辑

很多门店经营者认为，在线下花钱租店面，购买的是空间。这种认知其实是片面的。我们花钱购买的不仅仅是空间，还有线下的流量。决定门店流量大小的维度有两个：一是位置，二是场景。换句话说，门店生意好坏的底层逻辑是位置逻辑和场景逻辑。

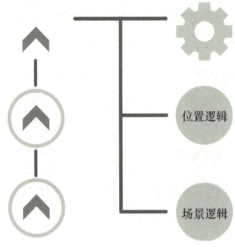

门店生意好坏的底层逻辑

位置逻辑

位置逻辑，是门店生意好坏的基本底层逻辑。

> 曾经有一个知名度较高的品牌，主营煎饼。在开新店选址的时候，创始人认为品牌的知名度已经非常高了，不需要选择位置好、流量高的门店，这样做还能够有效控制成本。于是，他们选址的时候非常随意。最终，该品牌的新店以失败告终。

门店的位置不好，就意味着线下流量少。线下流量少，就会影响门店的生意。所以，门店位置对品牌的发展至关重要，需慎重考虑。

场景逻辑

很多人会有这样的疑问：为什么有一些门店的位置并不好，生意却很火爆呢？这似乎不符合正常的逻辑，因为这个门店自身流量很少。实际上，这些门店的生存逻辑跟一般的流量店铺的底层逻辑是不同的，它遵循的是场景逻辑。

> 四川有一家非常出名的豆腐干品牌，它的实体店在一个前不着村、后不着店的山上，而且还是独店，但是店里的生意非常好，主要原因是它利用了当地的环境大场景，豆腐干是用当地山上的泉水做的。

好的场景会给顾客带来好的购物体验，进而促进消费。

无独有偶，有一家非常出名的民宿，遵循的也是场景逻辑。这家民宿开在一个交通不便的山上，但是生意异常火爆，主要是因为民宿的创始人在旅游行业从业多年，他知道吸引人的景区的场景逻辑，于是就遵循这样的逻辑，建造了一个有特色的民宿。

所以，门店如果不能遵循位置逻辑，也可以遵循场景逻辑，结合自身的资源，打造一个有特色的场景。

门店选址遵循这样一个公式。

$$业绩 = 流量 \times 转化率 \times 客单价 \times 连接系数$$

流量： 代表门店门口经过的人有多少。

转化率： 这些经过的人有多少能进入门店。

客单价： 平均每个顾客成交的价格。

连接系数： 指复购率和传播率。复购率、传播率越高，连接系数越大。

如果门店的选址不对，流量不好，不如及时止损，换一个地址重新开店。尤其是餐饮行业，如果开店后3个月都没有什么生意，那么再"活过来"的可能性就很小了。

现在很多位置好的店铺往往都被成熟的品牌占领了，后来者很难获得。但是你还可以选择一个次好位置的店铺。我们可以采取顾客画像跟随战略，例如小米的顾客和优衣库、星巴克的顾客高度重合。所以，小米确定了和优

衣库、星巴克邻近开店的选址策略。这种顾客画像跟随战略对很多实体门店选址都是有效的。

另外，还有一个解决门店选址不好的办法，就是采取线下体验、线上销售的新零售方式。例如，通过做社群、做外卖、做网店等方式来弥补线下门店选址的不足。

门店营销的4个关键词：场景、IP、社群、传播

在竞争激烈的市场环境下，门店营销是门店提升销售业绩的关键，也是门店运营成败的关键。那么如何才能做好门店营销呢？

> 小A在福州周边城市开了一家卖珠宝、钟表的店铺，而且旁边还开了一家典当铺。两个店铺的面积都是200平方米，月流水平均在600万～700万元。小A店铺的核心优势是，比市场同等价位的产品便宜。但是，这两个店铺只是在行业内知名度较高，做的都是同行的生意，没有更多的流量。小A想改变这种模式，通过招商的方式复制店铺，实现引流。

小A想通过招商的方式复制店铺，实现引流，其实就是想做好门店营销。要做好门店营销，就应当在场景、IP（intellectual property，知识产权）、社群、传播这4个关键词上下功夫。

产品逻辑：场景

场景，简单理解就是消费者在消费的过程中，门店或商圈大环境主动或者被动营造出来的用户体验，目的是促进消费者下单消费，例如直播商品的

商业转化率是传统电商商品介绍的几倍，因为直播能够营造出有真实感、既视感的场景，更能激发消费者下单购买的欲望。

在线下门店中，场景也是营销的一个关键因素。

有一位做生态农业的老板，主要种植有机蔬菜。他辛辛苦苦经营了 5 年，终于实现了经营性保本。也就是说，他不用再继续大额投入资金了。

他主要的赢利方式是在农场里开一家很大的有机蔬菜餐厅，每个周末接待大量的亲子游家庭。很多家庭不仅会在现场就餐，还会打包一些有机蔬菜带走。老板发现这种商业模式不错，于是又在城市里开了一家同样的有机蔬菜餐厅。他想，餐厅离消费者更近了，生意肯定更好。但实际情况截然相反，新餐厅的生意一塌糊涂，很快就经营不下去了。

为什么同样是有机蔬菜餐厅，换到城市里就经营不下去了呢？

这个问题的答案其实很简单，因为城市里的有机蔬菜餐厅没有消费场景。农场里的有机蔬菜餐厅之所以有大量的消费者消费，有机蔬菜固然吸引人，但更大的可能是有消费场景。家长可以上午带孩子参观有机蔬菜园，中午在有机蔬菜餐厅吃饭，之后再带点有机蔬菜回家。这一切都是顺理成章的事。但是，城市里的有机蔬菜餐厅没有农场背景，很少有消费者知道这家餐厅跟有机蔬菜有关，也就不会对餐厅产生浓厚兴趣。所以，在没有场景支撑的情况下经营有机蔬菜餐厅是非常难的。

实际上，市场上从来都不缺好的产品，或者说不缺商家们自认为好的产品。但是往往这些所谓的好产品生意并不好，为什么？因为消费者找不到合适的场景来使用这些产品。

例如，小 B 的店铺销售山里野生的银耳，但是很多消费者并不知道自己

为什么需要野生银耳或者什么时候需要野生银耳。所以，消费者即便认可小B的产品，也不会去购买。但是如果小B给野生银耳植入一个场景，效果就大不一样了。例如，用图文的形式告诉消费者，他们可以用野生银耳做银耳百合梨汤、银耳莲子羹等养生餐食。这其实就不是单纯地在卖野生银耳了，而是在卖消费场景，对消费者的吸引力就会更大。

场景营销其实就是借势，借门店周边环境的大场景势能，以及自己门店里的小场景势能。这种势能带来的流量，远远超过我们的想象。

品牌逻辑：IP

美国的管理学家汤姆·彼得斯（Tom Peters）说过："21世纪的生存法则，就是建立个人品牌。"建立个人品牌在这个时代越来越重要，无论是大企业老板，还是中小企业的创业者，人人都需要建立个人品牌。

建立个人品牌的好处有很多，具体体现在以下三点。

第一，可以让自己的门店低成本宣传。媒体说你的产品好，那叫广告，需要付广告费。媒体说你这个人有趣、有故事，顺便带出你的产品，那叫公关，大多时候也需要付费。但是建立了个人品牌，就不需要花大量的资金请媒体做广告，因为个人品牌能为店铺带来流量，节省了广告成本。

第二，可以降低和顾客、合作伙伴交易的成本。有个人品牌的人一般会很珍惜自己的"羽毛"，注重诚信。这样的人自然会吸引更多的人主动寻求合作，商业机会自然越来越多。

第三，可以给企业配一个"保险单"。创始人有良好的公众形象，有靠谱的个人品牌，企业遇到危机时就可以择机公关，避免辛苦创办的企业在一夜之间就遭遇灭顶之灾。但是，这也是一把"双刃剑"。如果创始人出现负面消息，那么企业也会因此而遭受危机。

我们再回到本节开篇提到的小A的案例。

仅从小 A 提供的信息以及店铺的业态来看，我建议以塑造 IP 人物的方式来进行品牌宣传，吸引潜在顾客。例如，可以塑造一位或多位年长的钟表师傅的形象。塑造出的人物形象要给人低调、沉稳、专注且有经验的感觉，让人产生情感共鸣。这样更能打动并吸引更多的潜在顾客。

此外，如果条件允许，门店还可以找一些自媒体对其进行宣传。宣传主题一定要突出门店的特色，而且要在第一时间抓住顾客的眼球。例如，主题可以是"钟表手工匠人专业修表 50 年"。为什么写"修表"？因为修表的认知维度远远高于卖表的认知维度。在钟表店的业态中，人们对修表的情感认知和认可度要远远高于卖表。同时，修表的手工匠人这个话题可能会吸引传统媒体或者新媒体转发，如果他们能参与进来，那么品牌影响力又能够得到进一步提升。强调修表不仅更利于品牌传播，还可以实现引流，让顾客进店购买钟表。所以说，品牌宣传的主题也是影响品牌宣传力度的关键。

无论什么门店，要想做好营销，一定要考虑打造创始人的 IP。IP 就像一个人的名字。当别人记住你了，对你产生亲切感了，自然会常来。

顾客关系逻辑：社群

社群是有共同喜好、需求或目标而聚集在一起的群体，是新时代的一种营销渠道。

虽然我对钟表行业并不是特别了解，但是根据我的调研，珠宝、钟表这类产品主要吸引的群体是中老年人，或者是一些珠宝、钟表收藏家等。这其实是一个比较小众的群体，因此建立社群就更有必要。

如何建社群？谈到建社群，很多人第一时间想到的是微信群。其实，社群不只有微信群，还有更多的形式。例如，创建一个钟表收藏的论坛，建立一个修表技术讨论的社交圈等。从长远看，建立自己的社群阵地可能是销售转化最好的方式。但是创业者要注意的是，无论通过哪一种形式建立社群，

最好请有社群运营经验的人来操作。

营销逻辑：传播

在本节的开篇案例中提到，小 A 想通过招商的方式扩张门店。这种操作模式目的是为了传播。小 A 可以借助自己建立的社群进行传播，也可以采取其他的传播方式，关键是一定要让更多的人知道他的品牌。因为在互联网时代只有通过传播吸引更多的流量，门店才能经营得更好。

无论是做什么门店，都应当学会以互联网为连接，落地实体店，围绕场景、IP、社群、传播这 4 个关键词对门店进行营销，提升品牌知名度，吸引更多的潜在顾客，成功实现门店冷启动。

4大产品矩阵，让门店销量持续上涨

电商领域有一个拆分产品的矩阵思维。例如，将访客数量最多的产品作为网店的引流款产品，支付额最高的产品作为利润款产品，而下单数量最多的产品作为主打款产品。这种将产品拆分的思维模式也非常适合门店营销。

> 有一家做美容美甲的门店，人工成本不低，但是顾客在这家店做一次美甲只需 10 元。单看这个价格，这家店肯定会亏钱。但是，这家店其实根本不通过美甲服务来赚钱，美甲服务只是门店的引流款产品。通过低价格的美甲服务吸引更多的顾客，顾客做美甲的过程中，工作人员可以通过沟通将顾客引流到门店的其他服务，如文眉、祛斑等，这些服务的利润远超美甲服务。

用美甲服务引流，用其他服务赚取利润，其实就是很好地利用了产品矩阵思维。很显然，这种营销思维有利于门店销售额持续上涨。所以对于门店来说，将现有的产品或服务进行拆分，或是引进新的产品进行组合，形成自己的产品矩阵，是实现门店商业价值最大化的有效策略。

但是，门店经营者要注意，不是随便把产品组合在一起形成的产品矩阵就能提升门店的业绩。设计门店的产品矩阵，一定要掌握科学、合理的方法。根据多年的门店营销经验，我总结了 4 大产品矩阵：引流款产品、养熟款产品、裂变款产品、利润款产品。

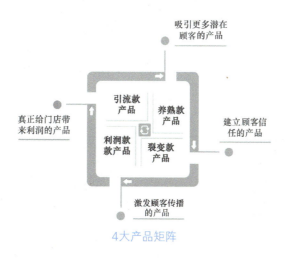

4大产品矩阵

引流款产品

引流款产品也叫拉新款产品，是指能够帮助门店吸引更多潜在顾客的产品。这类产品一般价格比较低，在市场上又有极大的需求，能够激发顾客关注和购买欲望。

小 C 办了一家游泳学校，教学地点暂时只有一个。他们主打的产品是游泳课程，从 4 岁开始到成人，小班教学，3 ～ 5 人一个班，每

节课一个小时，主教练是奥运冠军。

这种经营模式持续了3年，价格一直没有调整过。后来由于当地法定最低工资上涨，再加上其他各种费用，他们打算把课程价格上调20%左右，但是担心顾客会因为价格望而却步。

我不建议小C涨价，甚至建议他降价。虽然游泳课程降价了，但是他们可以利用其他增值产品或服务，如饮料、游泳装备、相关活动等来增加利润。也就是说，他们可以将基础课程设计为引流款产品，将其他的增值产品或服务设计为利润款产品，这样可以吸引更多的潜在顾客。顾客多了，对饮料、游泳装备的需求就会变大，进而可以大大提升门店的销售额。

养熟款产品

养熟款产品也叫建立顾客信任款产品。营销中需要解决信任问题，有了信任感，交易就会变得更容易。

在养熟款产品中，常见的是会员卡。其实除了会员卡，养熟款产品还有很多类型。例如，奶茶店可以推出一款自己独有的马克杯，只要顾客拿着这个杯子来买奶茶，就可以免费续杯或者享有优惠。这样不仅能增加趣味，还能成功与顾客建立信任。

裂变款产品

裂变款产品，是指能够打造口碑、激发传播，可以帮助门店带来更多流量和利润的产品。

理发店一般喜欢充值打折，比如充1 000元打8折，然后就没有其他的优惠了。但是有一家理发店在此基础上进行了升级。

这家店依然是充 1 000 元打 8 折，但是如果一个月内累积消费 10 次，会再送顾客 1 000 元；消费 5 次，再送 500 元；消费 2 次，再送 200 元。任何一位顾客充值一次，都有一次参加这个活动的机会，有效期为 1 个月。

当然，很少有人一个月会理发 10 次。于是有这张卡的人，会将这些免费的机会转送给朋友。就这样，顾客转顾客，来这家理发店的人越来越多了。

这家理发店的营销模式，使其提前获得了大量的现金流，绑定了大量的顾客，为门店带来了可观的收益。更重要的是，通过这种模式激发老顾客传播，实现了顾客裂变。这就是裂变产品的力量。

利润款产品

利润款产品也叫成交款产品，是指能够真正给门店带来可观利润的产品。例如，美甲店的文眉、祛斑服务，游泳学校的饮料、游泳装备等都是利润款产品。

不少门店只有利润款产品，没有引流款产品、养熟款产品、裂变款产品来配合，产品模式单一，门店经营者的压力就会越来越大，而且会越来越累。

所以，门店经营者要想更好地经营门店，让门店的销量持续上涨，就应当根据门店产品特点、门店经营现状、市场环境等因素科学、合理地拆分产品，设计产品矩阵。

新营销思维：为门店运营植入媒体基因

在一个人人都是自媒体的时代，门店要想把握更多的市场机遇，将媒体的流量转化成自己的流量，就应当具备新营销思维——为门店运营植入媒体基因。

何谓媒体基因？媒体基因是指把门店当媒介来经营。线下门店的商品交易虽然重要，但是把线下门店当成媒介来经营更重要。例如，把门店打造成为消费者的打卡地。

> 深圳市有一家非常有趣的咖啡店，叫"Petales café"。它是深圳首家高空酒店风格的咖啡店。这家咖啡店与一般咖啡店不同，不只为消费者提供咖啡，还准备了类似高级酒店里的大床，甚至为消费者准备了睡衣。这样消费者就可以在高楼上拍出酒店风格的照片。虽然消费者主要是为了拍照，但是拍照的时候一般都会点一杯咖啡。这样咖啡店的咖啡销量也会提升。

这就是一个把实体店当成媒介来经营的典型案例。

线下门店不仅是一个交易场地，更是一个内容传播阵地。门店经营者在设计门店的时候就应当为门店植入媒体基因，用心打造能让消费者主动传播的内容。

一般来说，线下门店最容易传播的内容就是消费者自己拍的照片或视频。因此，为门店植入媒体基因简单、直接的方法就是帮助消费者找到能够拍出好看的照片或视频的素材。如果可以，最好设计9个素材，因为大家更喜欢凑齐9张照片形成9宫格。具体可以从以下两个方面入手去设计。

第一，分出独立、休闲的空间。 消费者更喜欢在一个独立、休闲的空间拍照，这样既能轻松地享受拍照的乐趣，又能拍出好看的照片或视频。所以，设计门店的时候，最好能够分出独立、休闲的空间。这其实就是进一步造景，引导消费者拍照传播。

第二，提供拍照的道具。例如，上述的咖啡店提供睡衣作为道具。很多时候，一些简单的道具就能激发消费者拍照的兴趣，如玩偶、餐具、相框等，甚至墙上的一些有趣的文字，也可以成为拍照的道具。

新时代是一个媒体时代，任何人、任何场景、任何事情都可以是媒介，都可以创造能够引发传播的内容。所以，门店经营者应当具备媒介意识，并学会为门店运营植入媒体基因，以更大限度地传播自己的门店和产品信息，吸引更多的流量。

升维创新：如何让普通门店实现翻天覆地的变化

刘慈欣的作品《三体》一度非常火爆，给互联网创业带来了一个新的理论——"降维打击"。如果降维是一种破坏，那升维就是一种创造。

为什么是升维或降维，而不是升级或降级呢？因为升级和降级只是量变，而升维和降维是质变。试想一下，如果没有立交桥，没有下穿隧道，仅仅是用平面上的公路来解决交通拥堵的状况，那将是一个非常令人头疼的问题。从公路到立交桥、下穿隧道，这就是一种升维的创新，是质的改变。同理，门店要摆脱和同行之间量的竞争，例如价格战，一个好的办法就是做质的升维创新。

升维创新有一个关键点：升维创新的企业向下兼容，它可以做别人的业务，但是别人很难做它做的业务。

升维创新主要有两个方向：纵向升维创新和横向升维创新。

纵向升维创新

纵向升维创新是升维创新思路中非常重要的一种创新方法，也是非常容易掌握的一种方法。纵向升维创新，就是抬头往上看，看看这个行业里最高级的业务形态是什么样的，然后向它学习。

> "天真蓝"是一个拍证件照的连锁品牌。按照惯性思维，拍证件照就是在街边的复印店那样的小店里拍，但是"天真蓝"直接对标的是影楼模式。它把拍证件照的"小"生意升维到了影楼维度，有专业的化妆师，有衣服可以选，有微表情的设计，还有修片室。
>
> 这种升维经受住了市场的检验，因为很多大学毕业生觉得证件照代表自己的形象，好的照片可以帮助自己找到更好的工作，多花点钱去拍证件照还是值得的。所以，"天真蓝"的生意非常好，消费者去拍照还得预约。

"天真蓝"门店

我的团队之前做过一个重点项目——"空岛计划"，就是在全世界风景漂亮的地方甚至是无人区建造概念版的目的地型营地。我们先简单地把"空岛计划"看作一个酒店项目，那么怎么突出酒店的创新之处呢？

原国家旅游局官网报道的"空岛计划"

"空岛计划"其实就是酒店项目的升维创新。

第一代酒店，解决的是基本住宿问题。

第二代酒店，也叫精致酒店，解决的是消费升级以后良好的住宿环境和用餐环境问题。

第二代酒店比第一代酒店，只是硬件上提升了。换句话说，只要有一定的资金都可以做到。所以，"空岛计划"在这两代酒店的基础上进行了升维，属于第三代酒店。

第三代酒店不仅向下兼容前两代酒店的特点，在硬件上请知名设计师设计，更重要的是"空岛计划"的软优势——玩法。

"脑细胞"团队是"空岛计划"的执行团队，和其他传统酒店团队的根本区别是互联网基因和媒体基因。所以，"空岛计划"在酒店这个维度的差异化

是旅游体验上的玩法。第一代、第二代酒店的旅游体验是以看风景、玩游乐项目为主，而"空岛计划"代表的第三代酒店的旅游体验是有共同兴趣的人一起玩。

从上文的案例中，我们可以发现，纵向升维创新就是在原有行业的纵向方向上寻找更加高级的业态，实现"降维打击"。几乎所有的行业、产品都可以实现纵向的升维创新，就看创业者们能否跳出惯性思维去寻找自己行业的高维参照物。

横向升维创新

对于普通门店经营者而言，横向升维创新比较难。简单地说，横向升维创新是指门店经营者从其他行业借鉴升维创新的方法，如果找到合适的方法，那么有很大可能会出现颠覆性的创新，门店会实现翻天覆地的变化。

一个房地产老板有一栋商业综合体，他想让我们团队帮他做一个地标性业态，让整个商业综合体的房产升值，促进房产销售。

我们实地考察之后，建议他做一家颠覆式的健身房。传统健身房，很多人交了费，但是只有一部分人能够长期坚持健身。对于一些人来说，去健身房就是去受苦，甚至需要内心常常跟自己说："加油，再坚持5分钟，再坚持10分钟。"这种健身体验是非常无趣的，我们就从这个痛点切入去创新。但是，在健身房行业找这样的创新维度很难，所以我们就跨界到了游戏行业。

我们给这家健身房引进了类似游戏练级的成就系统。每个健身的人进健身房会戴一个手环，手环和健身房所有的设备联通。例如，顾客去练习弹跳，系统会根据顾客跳起来的高度自动记录顾客的数据并排名，并且会把前10的人的姓名和弹跳高度长期显示在屏幕上进行成就展示。

我们还引进了特殊的健身器材。在一个专门的房间，有很多灯泡一样的按钮，只要灯一亮，顾客就必须跳起来或者跑过去用身体把它按灭，就像360度打地鼠一样。当然，手环也会做好成就记录。

整个健身房的健身器材就像游戏里的副本一样，是分层级的。只有达到了某个分数，顾客才能去某个新区健身。如果顾客没有达到分数但执意要去，就需要单独付费。

除了传统的健身器材以外，健身房还有很多从世界各地引进的VR（virtual reality，虚拟现实）健身器材，比如VR划船机。顾客戴上VR眼镜以后，就像是在划船，要及时躲避水中的鳄鱼。

这家健身房的经营理念就是让年轻人可以娱乐化、游戏化地健身，并且时时激发年轻人挑战的欲望。所以，我们给这家健身房取名叫"UP"。我们不仅有成人版的，还有儿童版的"UP KIDS"。

这家健身房就是一个跨行业的升维创新的例子。这种模式的健身房，远比普通的健身房更具吸引力。

所以，我们不能只关注自己的行业，应当尽可能多地关注其他行业，横向寻找可以借鉴使用的升维创新策略。

最后，我用一句话来总结升维创新方法的核心：寻找更高维度业态的参照物。

【冷启动案例】 ➡ **小社区里的大生意**

◎ **案例背景**

　　有一个快递收货点的老板是一个非常会做生意的人。他将快递收货点打造成了"快递提货点＋小卖部"。这样收货人到店里取货的时候，就相当于给小卖部引流。这家小卖部不仅实现了线下引流，而且还建立了自己的社群，打通了线上渠道。虽然这只是一个小小的社区店铺，但是生意做得风生水起。

　　为什么在一个小小的社区里能做成"快递提货点＋小卖部"这样的大生意？

1.店铺位置优越，老板懂得引流

　　店铺的位置在小区里。保守估计，该小区的住户有上万人。但是小区有流量并不意味着店铺就一定有流量，关键在于你是否懂得将这些流量引流到店铺。这家店的老板就是一个非常懂得引流的人。

　　他在店门口放了一个展架，展架上面展示的是社区服务群的二维码。小区里的人不太可能每天都去实体店取快递，但是他们每天都会看手机。所以，他通过社群这种方式，进一步提高了顾客黏性，成功地将线下生意引流到线上。

2.服务态度好

　　小店老板的服务态度非常好。只要你在微信上发消息告诉他你的快递信息，老板便会免费帮你把快递送上门。很多人不好意思让他免费送，便会顺便买一些水果或饮料。这对小店来说，也是提高业绩的一种方式。

　　这种送货上门的方式之所以受到大家的欢迎，正是因为戳中了顾客的痛点。因为大家上班都很忙，下班回家也不想去拿快递。这种送货上门的方式正好帮助他们解决了痛点，即使收费他们也乐意。其他店铺的老板也应该有这种思维，要多思考顾客的痛点是什么并想办法解决他们的痛点。

3. 与小区业主建立信任

信任，是经营之本。小店的老板为了建立与小区业主之间的信任，对于非主营业务，也愿意做。例如，他不但免费提供寄快递的服务，还直接将和快递公司签约的合同的价格发到微信群里。这样一来，小区业主对他的好感度和信任度便有了极大的提升，进而也愿意在他的店里购买东西。

社区小店的展架

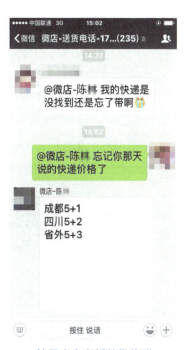

社区小店老板的微信群

4. 懂得营销

有流量也要懂得营销，才能带动店里的生意。所以，小店的老板会经常在群里发一些土特产、土鸡、进口啤酒等产品信息。为了保持群里的热度，老板还会经常在群里发红包。虽然钱不多，每次5元或10元，但是确实可以活跃群里的气氛。群里的气氛一旦活跃，店内的商品就很容易卖出去。

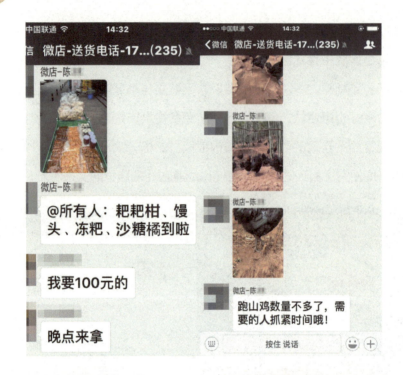

社区小店老板在微信群发布商品信息

小店的老板采取的就是典型的"流量入口＋社群＋内容建设"的商业模式的小区版。他用快递包裹吸引了流量，用社群的形式将流量进行沉淀，再通过发送视频、图片等内容建设来实现商业转化。

也许有人认为这种小店的生意再怎么好也好不到哪里去，因为小区的人毕竟就那么多。其实，这种观点是片面的。一个小店的生意的确规模很小，但如果在城市里10个、100个这样的小区中实现规模化经营，那么总规模将会非常可观。

不仅快递提货点可以采取这种商业模式，分布在小区周围的各种水果店、小卖部、母婴店甚至是物业管理公司等都可以采取小区社群的方式进行经营。

小区社群有着非常广阔的市场空间，但很多小区社群运营的一些细节还有待提高，经营者需要在实操过程中去体会和改进。这样才能更好地实现引流，为店铺带来更多的利润。

最后，需要注意的是：千万不要被互联网玩法迷住了双眼。我们应当学会回归到最本质的服务，因为我们都是在做人的生意。很多时候"回归真服务"才是最佳的运营方式之一。

【冷启动案例】 ▸ 餐饮店的升维做法

◎ 案例背景

"一品一家"是一家餐饮店，老板叫李君。李君大学毕业后去农村当过村支书，所以他特别了解农民以及农产品。农产品的质量非常好，但是没有销售出路，因此他想做一点连接城市和农村的事情，一是能为城市的消费者提供健康的农产品，二是可以帮助农民提高收入。于是，他开了一家餐饮店，店里的猪肉、鸡肉、鸭肉、鸡蛋等都是从农

民那里直接采购的。

我吃过他们店的猪肉，吃第一块的时候，特别震惊。我感觉从没吃过那么好吃的猪肉，肥而不腻，有猪肉的香味，而且肉质很糯。作为一个普通的消费者，我很想知道这样的猪肉是在哪里买的，我也想买。这家店就提供这样的服务——不仅做餐饮，还卖食材，可以给消费者提供正宗的农产品，这种模式吸引了很多消费者。

这家店的老板跟我说，他以前经常跟别人说，农民的猪都是散养的，肉质特别好，但是大多数人不相信。所以，他才开了"一品一家"这家店，让消费者先尝再买。事实表明，说得再多都不如实际的体验有说服力。这里我展示下"一品一家"的套餐表。

套餐表
（所有套餐年度起售）
单品套餐

年华猪	4 999元	年华猪1头+时光鸡6只（一年母鸡）+240枚鸡蛋
【内容】年猪一头（净重不低于120斤），每月10斤猪肉，20个鸡蛋，隔月配送一只时光鸡，总计6只		
时光鸡	2 256元	时光鸡12只（一年母鸡）+240枚鸡蛋
【内容】每月一只时光鸡+20枚鸡蛋，持续配送12个月		
岁月鸭	1 896元	岁月鸭12只+120枚鸡蛋+120枚鸭蛋
【内容】每月一只一年岁月鸭+10枚鸡蛋+10枚鸭蛋，持续配送12个月		
土鸡蛋	998元	土鸡蛋360枚+岁月鸭1只
【内容】每月30枚土鸡蛋，持续配送12个月。年末送一只一年岁月鸭		

这其实是一种体验经济，是一种餐饮店的升维创新做法。表面上看，这家店就是一家普通的餐饮店，但是主打产品不是菜品，而是食材。这家店不仅可以依靠食材赚钱，还可以通过好的体验沉淀购买年度套餐的消费者，实现更多的赢利。例如，消费者在餐厅吃了猪肉，感觉味道不错，于是就下单订了一年的猪肉，每月送货上门。这种升维创新，简直就是"超级现金奶牛"，能给餐饮店带来源源不断的利润。

【冷启动案例】 ● 聚人时代，门店如何向大平台借力

◎ 案例背景

小陈：家居布艺行业从业 15 年。

小张：电商运营，从业 7 年。

小程：某快递品牌的地区代理负责人。

以上 3 个人合伙开了一家布艺公司。这家布艺公司的产品主要是成品窗帘、桌布、沙发、抱枕，与同行的产品没有太大差异。营销渠道主要是各大网络购物平台。公司员工有 50 人，旗下没有代理商，每个月的收入在 70 万元左右。

在经营的过程中，他们遇到了棘手的问题：他们想做线下加盟连锁店，创立一个属于自己的品牌，把质优价廉的产品送到消费者的手中，但是不知道如何建立一套与加盟商相关的商业模式。

电商时代早已不是单打独斗的时代，聚人才是门店成功的起点。也就是说，在这个时代，门店要想提升销量就要学会借助平台聚人。所以，小陈他们想做线下加盟店的策略是可取的。

如何建立一套与加盟商相关的商业模式呢？答案其实很简单，门店可以

先了解行业的加盟政策，然后向大平台借力。

1. 搜集相关资料，了解行业的加盟政策

了解行业的加盟政策是做线下加盟的前提。每个行业的加盟政策不尽相同，门店要想了解具体行业的加盟政策，可以去网上搜索。网上有非常具体的资料，并且会提供一些建设性的意见。

2. 借助大平台，实现线上线下协同销售

2016 年，新零售概念被指出，这种零售模式可以帮助门店更好地聚人，实现线上线下协同销售。

例如，可以重新注册一个新的线上品牌，即我们常说的品牌分离。这样做的目的是保障原有的线下品牌的价值和现金流体系，同时统一线上与线下。我们可以在线上卖产品，也可以在线下卖产品，且线上线下产品统一、价格统一。线下实体店主要用来展示产品，让消费者体验。当消费者获得良好的体验后，再告知他们，这些产品在天猫、京东等线上平台同步销售，这样就可以往线上引流。

如果做加盟店，借助这些平台更利于做好供应链管理及门店管理。因为一般大的电商平台会根据收货地址来进行利润分配。例如，我是甲城市的加盟商，在网购平台上的订单地址是甲城市。不管订单是来自这个加盟商的推荐还是自然流量导入，订单来源的加盟商都能分配到应有的利润。这种模式不仅能吸引更多的加盟商加入，还能促进加盟商的发展，进而可以实现把品牌做大、做强的目标。

3. 可以借助平台，但不能过分依赖平台

从一个消费者的角度看，布艺家居行业想做加盟店并不容易。确切地说，这个行业发展线下实体店比较困难，而且非常容易遭到互联网的冲击。所以，

如果门店经营者想借助大平台做加盟店，要把握一个度，不能过分依赖平台。换句话说，如果门店经营者只是想要借助大平台，从中分一杯羹，那么也行得通。

01

【冷启动案例】 ⟜ **为什么产品好、价格低，还卖不过别人**

◎ **案例背景**

知名卤味品牌"久久丫"曾在项目经营中遇到过瓶颈。那时成都流行一种美食叫"串串香"，就是用竹签将菜串起来放在锅里煮。于是，"久久丫"就借了"串串香"的灵感，把卤菜串起来卖。结果出乎意料，销量、营业额都翻了好几倍。

为什么只是将卤菜串在竹签上，销量和营业额就翻了好几倍？

关键原因有以下两点。

第一，串上竹签，符合了逛街人群边走边吃的场景，而且还把原本当下饭菜或者下酒菜的卤味做得轻量化了，这样消费者的体验更好。

第二，把卤菜串起来增加了产品整体视觉上的份量，看起来更多，但实际上并没有放在碗里的多，这就变相地降低了成本，增加了利润。

其实大部分产品的销量不高，并不是因为产品本身的质量问题或价格问题，而是因为经营者的营销思路没有戳到消费者的痛点。"久久丫"将卤菜串在竹签上，正好戳中了消费者不方便边走边吃卤菜的痛点，所以取得了成功。所以，我们想要让产品卖得更好，就一定要清楚消费者需要什么样的产品，而不是我们想卖什么样的产品。对于任何门店而言，消费者的需求才是需要重点关注的。

门店冷启动：如何低成本做门店营销

老板眼中的产品和消费者眼中的产品

要了解消费者的需求，就应当跳出行业的思维开发产品。

很多时候，以行业的专业眼光去开发产品会限制你的营销思维。例如，卖卤菜的门店，如果以行业的专业眼光去开发产品，很可能就只会研究产品的味道和材质。但是这样做未必能够开发出消费者最需要的产品。相反，换一种眼光去开发产品，例如"久久丫"，只加一根竹签，产品整体就变了，不仅成功解决了消费者的痛点，还给消费者带来了更好的体验。这样的产品更满足消费者的需求，更能激发消费者的购买欲望。

所以，门店经营者如果只会闭门造车开发狭义的产品，就是缘木求鱼，会离成功越来越远。这也是很多门店经营者常说"为什么我的产品比别人的产品好，却卖不过别人"的关键原因。

总而言之，对门店经营者而言，要想把产品卖得更好，就要学会从广义上理解产品，要明白整个服务体验都属于产品的一部分。产品的销量离不开市场，离不开消费者，离不开营销思维的创新。

项目冷启动：
如何从0到1开一家赚钱的门店

从 0到1开一家赚钱的门店的关键是要选择一个适合自己的项目，并采取合适的方式启动这个项目。

不是每一个项目都值得启动

互联网时代是一个快速变化的时代，有很多项目诞生，也有很多项目衰亡。因此，在启动一个项目之前，我们一定要慎重地考虑这个项目是否值得启动。

我曾在"脑细胞"的社群分享过一个关于人人车的公关广告的案例。

> 在广州万达广场的地下停车场，人人车安装了很多投影灯广告（类似实体店在地上投影门店 logo）。不同的是，人人车没有把投影投到地上，而是投在车的引擎盖上，投影的文字也非常俏皮。放眼望去，整个停车场的车的引擎盖上，都是一些俏皮的文案，看上去非常有趣。

很多网友纷纷拍照，很快将之传播到网上，吸引了更多人。

有一位老板说："这个创意太好了，值得借鉴。我准备拿下当地所有的停车场，然后安装这样的投影设备卖广告位。"

我向这位老板反馈这个项目不太可行，因为即便他能花钱拿下那么多停车场，也没有现成的广告主资源。这样大概率会亏损。换句话说，对这位老板来说，这个项目不值得启动。

另一位老板立即反驳我说："我非常看好这个项目，我们那个地方没有见过这种投影，大家对这个肯定比较好奇。不过，卖广告位可能不靠谱，可以去实体店帮门店安装，赚取安装费。假设一家店收 2 000 元，一条街有四五家店安装，收入就能过万元。"

我非常赞同第二位老板的想法。他评估了这个项目在当地的市场，而且没有照搬原来的项目，而是对项目进行了升级——赚取安装费。那么，这个项目对他来说就非常值得启动。

为什么一会儿说这个项目不值得启动，一会儿又说这个项目值得启动呢?

很多时候，同一个项目，也许对你来说是值得启动的，但是对别人来说未必值得启动。一个项目是不是值得启动，并不能只看这个项目在市场上是不是受欢迎，而是要综合各种因素对项目进行前景预判和分析，以明确这个项目的可行性。关于项目前景预判和分析的具体策略、方法，将在后面的章节中详细阐述。

项目前景预判：寻找"历史的缝隙"

选项目不能看这个项目现在好不好，而是要看它未来的市场空间是否足够大、是否可标准化量产、是否有专业的竞争壁垒。更重要的是，看你是否能找到"历史的缝隙"。

"历史的缝隙"，指历史的节点、时代的机遇。只要你发现了"历史的缝隙"，提前一点点去那里"蹲"着，当历史的车轮驶过，你就会被带着前进。

短视频的崛起对很多行业来说，实际上正是一个"弯道超车"的机会。短视频的受众大多是年轻人，那些客户是年轻人的公司，可以用有创意的短视频去打造自己的 IP、吸引粉丝，转化流量。

无论什么行业，市场现状如何，只要我们善于观察，就能找到"历史的缝隙"，把握住机会，从中脱颖而出。而且我们一定要善于寻找"历史的缝隙"。即使能力不足、资源不足，只要找到了"历史的缝隙"，历史也会带着你前进。这就是所谓的"风口"。

那么，我们如何才能找到"历史的缝隙"呢?

在供应链端发力

新零售的三要素是：人、货、场。之前商家比较重视流量（人），但是，未来的竞争更是货的竞争（供应链的竞争）。很多消费者需要的是高性价比的商品。所以，在吸引消费者、提升流量的时候，我们应寻找新的稀缺性资源——好的供应链。作为创业者，要想方设法整合更好的供应链资源。

云南文山的一家三七生产厂家，是云南白药的供应商，做了30年三七生产和销售，其经营的核心偏供应链，偏企业服务。虽然很多厂家都有直接服务消费者的诉求，但是因为经营模式不同，很难做好。这家药厂也一样，之前推出了不少服务消费者的产品，但是都卖得不温不火，还是服务企业的业务稳定，赢利有保障。

朴素的消费观念

无印良品也是一个很典型的找到了"历史的缝隙"的品牌。无印良品的本意就是"无品牌"。市场上的某些产品存在被过度包装的情况。例如，有时在外卖平台点一份盒饭，你会发现包装非常精致。这样既增加了企业成本，又让消费者觉得浮夸。实际上，消费者非常希望商家回归产品的本质，做到质优价廉。无印良品顺应了消费者的这种需求，并取得了成功。

无印良品的特点之一是极简。它的产品拿掉了商标，省去了不必要的设计，去除了不必要的加工工艺和染色，重视材料和功能，形成独有的风格——"冷淡风"。另一个类似无印良品的企业是网易严选。网易严选非常睿智，它看准了变化的趋势，提前做好了布局，正如它的口号：好的生活，没那么贵。

随着消费升级步伐的加快，消费者会更加理智，关注点会回归产品的本质，朴素类品牌和平台可能更受欢迎。

项目分析：5个维度，1个四象限图

我的好朋友，《超级演说家》的总策划王超然有一次来到成都。我们一起吃饭的时候，他说他想到了一个非常好玩的项目——卖气球。

他有一个学生，学生的父亲自己开厂，做了30年的气球生意，做成了全球销量第一的气球公司。后来，子承父业，该学生开始帮父亲拓展国际市场，并且还成立了自己的贸易公司，每年仅出口就能卖出50多亿只气球，给29个国家和地区供货。

但是，该学生并没有满足于现状，他想把传统的气球贸易、气球生产生意变得更好玩、更有趣、更符合年轻人的需求。于是，王超然就给他提了一个建议，让他从卖产品转变为卖场景。因此，一个新项目诞生了——"开个瓜气球"项目。

"开个瓜气球"项目其实非常简单，类似于共享充电宝。当客人扫码支付后（不同场景的价格不一样，最低为38元。这个价格都是代理商自己和酒吧老板商量后在系统后台设置的），12只气球同时自动打气。如果是在酒吧、KTV这样的场景，客人可以像抽签一样，自己选一只气球，然后把气球戳破。气球戳破后里面会出现一张小纸条，小纸条上面有各种有趣的任务。

这个任务有不同的级别，分别用"微辣""中辣""特辣"来区分。

"微辣"是比较温柔的任务，如游戏开始，所有人不能说"你""我""他"3个字，如果有人说了，就要罚喝一杯酒。

"中辣"和"特辣"的任务难度依次提升。

项目内测期间，基本每桌的客人都会连续玩两次以上。

王超然说完这个故事后，我激动地拿起桌上的蚝油跟他干杯。然后，我成了这个项目的合伙人。

为什么我看好这个项目？下面我来仔细分析。无论什么项目，你都可以用以下这套逻辑来分析、判断它是不是一个好的项目，是不是一个值得启动的项目。

高臻臻和王超然干杯蚝油

项目分析的5个维度

一般情况下，我们可以从以下 5 个维度去分析一个项目的价值。

1. 第一个维度：赚谁的钱

"开个瓜气球"项目的商业相关方一共有 3 个。

一是酒吧或 KTV 老板。酒吧或 KTV 老板自然很喜欢这个项目，因为这个项目可以促进酒吧或 KTV 的酒水消耗，而且设备不需要他花钱买，是代理商买好后放在店里的。

二是消费者。如果消费者花 38 元买的只是气球，那么他肯定认为这个气球很贵。但是，如果花 38 元买到的是社交工具，是开心，那么即便花 200 元，他也会觉得值得。

三是代理商。其实这个项目本身就不错，公司可以自己组建销售团队去开拓市场。但是，这个项目的核心竞争力是速度，所以一定要有代理商加入。这样才可以以最快的速度开拓更多的酒吧或 KTV，这才是正确的市场策略。成为最低级别的代理商，门槛也不高，只需要 9 800 元，要做的工作就是去开拓更多的酒吧或 KTV。代理商可以获得长期收益，因为在酒吧或 KTV 里装备的只是充气的设备，而气球是消耗品，只要长期消耗，就有长期收益。代理商自然愿意代理这样的项目。

所以，这是个三方共赢的项目，市场有需求，谈合作不难，也不需要太多的培训、学习成本。因此，我判定这个项目是一个有发展潜力的项目。

2. 第二个维度：供应链（产品）是否稳定

考察一个项目的供应链（产品）是否稳定，其实就是考察一个项目的产品质量好不好、发货速度快不快、产品创新迭代的研发能力怎么样等。

这个项目的供应链端是有 30 年历史的气球制造商，气球厂的工人有 700 多个，而且生产工艺达到了行业标准，所以产品有保障。

3. 第三个维度：市场规模如何，是否可持续经营

有一个在三线城市的代理商在他所在的城市仅用半年时间就开拓了 120 多家酒吧或 KTV。由此可见，这个项目的市场规模还是相当大的。

另外，这个项目的设计也很巧妙，有点类似于饮水机逻辑——把给气球打气的设备装到酒吧里，但是主要是靠卖气球来赢利。其实就是一个在刚需的场景下卖快销品的逻辑。

为了研究这个逻辑，我还特地算了一笔账。

假设一个酒吧，每天只有 3 桌人玩这个游戏，每桌只玩 2 次，相当于一个酒吧一晚上可以消耗 6 次（北京、天津、上海、成都、唐山等地现场实测的数据，每天一个酒吧平均可以消耗 15 次），按照最低零售价 38 元来算，$38 \times 6 = 228$ 元。一个酒吧每天可以通过这个项目多创造 228 元的收益（几乎零成本）。

所以，从收益上看这个项目也是非常不错的。

4. 第四个维度：团队是否靠谱、健全

这个项目无论是营销，还是战略和资源，以及供应链和产品，资金和宣传，都由专人负责。所以，这个团队是靠谱、健全的。

5. 第五个维度：项目的门槛如何

这个项目关键的门槛不是技术和创意上的产品门槛，而是市场窗口期。

我们设计这个项目花了大半年的时间，单是3D打印模型就花了30万元，而且设计师还是专门做这些事的人。所以，如果同行要模仿，产品研发至少要花半年时间。此外，这个项目比的是开拓市场的速度，抢占一家酒吧或KTV，就少一家，因为酒吧或KTV要签排他协议。如果酒吧或KTV的老板违反了协议，是要赔违约金给代理商的。也就是说，竞品研发出来时，可能已经没有市场了。

当然，产品也有门槛，这个项目已经拿下了10多个专利。

这个案例的核心是如何从团队、场景、消费者学习成本等多个维度思考一个项目是不是有价值。

在任何一个项目开启之前，都要从以上5个维度分析。这5个维度的重要性不分先后，都必须翔实。

1个四象限图

做项目分析，除了要考虑以上5个维度，还要掌握项目分析的四象限法。

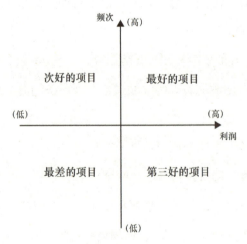

项目分析的四象限图

很多人判断一个项目好坏的标准是这个项目的产品好不好，或者是这个项目的模式好不好。其实，这些都只是低维度的判断标准，判断一个项目好坏的维度是：频次和利润。

最好的项目是高频次、高利润的项目。高频次代表有复购，如果同时利润又高，就是非常赚钱的项目了，比如和水电、化妆品、尿不湿等有关的项目。

次好的项目是高频次、低利润的项目。虽然每一单利润低，但是量大，复购频次高，也是好项目。

第三好的项目是低频次、高利润的项目。频次低的项目，利润一定得高，一次性就要实现赢利，不然肯定会亏本。比如和古董、艺术品、装修等有关的项目。

最差的项目是低频次、低利润的项目。这种项目就不值得启动。

总体来说，频次是比利润更重要的一个评价维度。

项目团队：合伙生意怎么做

创业项目一般都会建立项目团队，找合适的合伙人一起做。这个时候，创业者遇到的最多的问题就是：合伙生意应该怎么做？

> 创业者C跟朋友D合伙在北京开了一家服装店，店里的衣服都是C自己设计的原创作品。C之所以跟D合伙开店，是因为这是她第一次创业，经验少，资金不足。一段时间后，彼此感觉都还不错，合作得非常愉快。

后来，她们注册了一个商标。当时，为了方便，她们在 D 几年前注册的公司旗下注册了品牌商标。此后，她们又做了一个微信小程序的线上购物平台，是 D 找同学做的。线上平台的产品有她们店里的服装，还有 D 的丈夫的便利店里的一些精选产品。因为 C 会做 UI（user interface，用户界面）设计，所以小程序后期产品的页面设计是由 C 来完成的。但是，公司没有支付设计费用，因此 C 很纠结小程序完成之后，两个人的利润如何分配。从长远考虑，C 想拟一份合作协议，以免两个人出现利益纠纷，导致合作不愉快。但是她不知道这样做是否行得通，或者是否有更好的合作方式。

对于 C 的问题，我的建议主要有两点。

第一，把商标转到 C 和 D 成立的新公司里。

第二，不同的角色算不同的账。

C 扮演了多重角色，是股东，也是员工。这其实是很正常的一种现象，而且这个问题也很好解决，就是不同的角色算不同的账。C 做页面设计的部分，如果她有工资，那这个设计费就用工资来结算；如果她没有工资只有分红，相当于公司把设计业务外包给她做，她可以收费，也可以免费。

单个股东的利益不是"一刀切"的，扮演员工角色的时候赚工资，扮演股东角色的时候赚分红，扮演外包业务角色的时候赚兼职的费用。

实际上，这个案例中的核心问题是：合伙生意怎么做？

做合伙生意的关键问题其实是分红设置问题。只有分红设置合理了，合伙人之间才不会出现利益纠纷，合伙生意才能顺利进行。那么，什么样的分红设置才是合理的呢？

我成立第一家公司的时候特别纠结，不知道怎么设置分红才合理。公司的主营业务是网站设计，没有什么硬件投入，计算机是合伙人自己的。此外，因为在自己住的出租屋里办公，相当于也没有办公室的房租成本。所以，整个项目并不需要投入太多资金。那到底该给合伙人多少分红呢？

　　当时的我想得特别多、特别远，例如，未来如果发展成全国最大的网站设计公司，现在如果平分收益，会不会影响公司方向性的决策？万一公司上市或者被并购了，自己会不会亏？如果我要90%的收益，只留给其他合伙人10%的收益，他们会不会不同意，会不会心理不平衡，甚至直接不干了？最后，碍口识羞的我还是采用了平分法来分配收益。

　　估计很多人对此深有同感。无论给别人多少收益、给自己留多少，都会没有安全感，都怕自己最后被别人拖累"出局"或者是公司发展的方向没有按照自己规划的方向走，会做得不开心，甚至到最后就不想做了。

股权如何分配

　　股权最重要的意义就是控制权。

　　如何理解这句话？例如，你的公司是卖球鞋的，发展得还不错，也赚了不少钱。现在房地产生意不错，那你的公司要不要投资房地产行业呢？这时，控制权的价值就体现出来了。再如，现在有一个投资者想投资你的公司，那到底要不要接受这个投资，用多少股份换多少融资额比较合适呢？控制权的意义在这个时候就显得尤为重要。特别是一些创业者想建立一个自己的"商业王国"，控制权的意义就更大了。大股东的控制权体现在他可以只留下养活家庭的工资，将其余所有的分红都分给别人，但是这个公司往哪个方向发展必须自己说了算。

那么由谁来当拥有控制权的大股东呢？我建议谁牵头这个项目就由谁当大股东。

需要注意的是，纯财务投资人不是合伙人。他们在公司里不会做太多的事情，甚至连兼职都算不上。简单地说，他们只出资金。对于这样的股东，估值是可以不一样的。例如，开一个淘宝店，有两个股东，一个是纯财务投资人，一个是做事的合伙人。其实，初期的实际投资只需要10万元，但项目估值能到100万元，所以财务投资人投7万元进公司，实际就只能占7%的股份。要知道这个时代不缺投资人的资金，更缺具体做事情的人。

哪种人适合当股东

很多创业者还有一个很大的困惑：到底哪种人适合当股东呢？答案很简单：具有不可替代性的人才适合当股东。

创业初期，合伙人最好找技能互补的人。例如，懂营销和懂产品的两个人就比较适合当合伙人。如果两个创业者都是做美工设计的，那最好不要建立合伙人关系。如果和你拥有同样技能的人想要加入你的创业团队，你可以给他高工资、高奖金或者期权，尽量不要给他实实在在的股份。

如何变更别人的股份

有人曾告诉我："股份其实就是一个数字游戏。"我当时不理解，后来终于慢慢明白了。股份的确就是一个数字游戏，重要，也不重要。假设你现在的项目木已成舟，即使股权设置得很不合理，也没有太大关系，因为有太多合理的方法可以优化，如重新进行控制权变更。

例如，公司有3个股份平分的股东，如果公司的决策效率变低了，那么就可以签署一份一致行动人协议，把投票权合并到主要经营者的手上。这样做不但能解决控制权的问题，而且如果有投资者介入，看到这个公司有唯一的、实际的控制人，那么公司被投资的概率也会大一些。

老枝花卤的3位创始人——高臻臻、任周、王春，一开始觉得老枝花卤只是一门小生意，所以以分红为主，3个人将股份平分。但是，随着企业的发展和投资者的介入，股份平分显得不合理且危险。于是，3个人签了一份一致行动人协议，将投票权汇总给了项目执行人，此后合作关系非常好。

老枝花卤的3位创始人：高臻臻、任周、王春

总之，所有的办法都不是背地里解决问题，而是将问题摆在台面上解决。有太多有法律依据的办法、有事实依据的行规可以用来解决这些股权上的历史遗留问题。

项目模式："做轻"，不要设置复杂流程

以前经常听人说："走，我们进城，去看看热闹。"现在却经常听人说："我想早点回家睡觉，我想静静。"以前家里的装修讲究豪华，现在却讲究简约。

这是一个信息爆炸的时代，生活、工作节奏很快，压力很大，所以大多数人都有追求轻松、轻便、轻盈的心理偏好。"轻"是这个时代人们的向往，所以，我们一定要把品牌、产品、团队等"做轻"，这更符合时代的需求。

> 有一家专门做形象管理培训的机构，主要培训的内容是根据个人不同的气质做整体的形象管理，让顾客学会在不同的场合搭配不同的衣服，穿出自己的品位。此外，他们还提供形象打造、衣橱管理、购物陪同等服务。
>
> 这家培训机构的学费从 1 000 元到 20 000 元不等。例如，提升个人形象的课程学费是 6 800 元，学习时长是 4 天；形象管理的课程学费是 16 800 元，学习时长是 20 天。
>
> 经营过程中，他们遇到了招生困难、复购率低等问题。

我建议这家培训机构把模式"做轻"，不要把价格定得太高。例如，通过低价，比如定价 99 元的课程，吸引更多的流量，建立自己的社群；通过直播、视频等方式实现网上教学，打通三四线城市的市场。这样，招生的机会就会增加，而且我判断未来 10 年的商业机会会在小城市。

很多人在启动一个项目的时候，总是想得很复杂，也把项目做得很复杂。实际上，在互联网时代，把项目"做轻"也能成功。

如何将项目"做轻"？可以从时间和份量入手。

例如，蜂蜜这种产品给一些消费者的感觉是很"重"的。很多人买回一大罐蜂蜜，还要找一把勺子，还要烧水冲着喝。这样的产品就会给消费者带来"重"的感觉。如何把这样的传统项目"做轻"呢？

> 有一个品牌叫"等蜂来"，主营蜂蜜，主打的是快消品市场。该品牌把蜂蜜装进类似于芥末管一样的塑料管里出售，消费者上班的时候会顺手拿几管，上班期间可以用公司饮水机里的温水冲着喝。这种体验就完全不一样了。

早上起床自己烧水冲着喝的蜂蜜给人的感觉是"重"，上班期间随时可以用饮水机的水冲着喝的蜂蜜给人的感觉是"轻"。大罐装的蜂蜜给人的感觉是"重"，小软管装的蜂蜜给人的感觉是"轻"。这就是从时间和份量入手，把项目"做轻"。

项目推广：产品和品牌两条路一起走

项目启动后，需要对其进行推广，才能吸引流量，获得市场。那么如何去推广项目呢？我的建议是产品和品牌两条路一起走。

有一家做工业自动化的企业在经营过程中遇到的最大问题是，企业费尽九牛二虎之力研发出来的新产品，总体性能指标并不比进口的同类产品差，价格还便宜很多，可就是得不到消费者的信任，常常被拒之门外。最后，该企业不得不采取免费试用甚至是无偿赠送的办法，推销自己的创新产品。

实际上，因创新产品卖不出去而失败的例子并不少见。很多企业似乎处于两难的境地——不创新害怕被淘汰，创新又害怕风险。但是我始终认为，产品创新，是每个企业必须要坚持做的事情，因为我们生活在一个快速变化的时代，如果不创新，必然会被时代淘汰。

但是，仅仅做到产品创新是不够的，我们还要注重品牌创新。

俗话说"酒香不怕巷子深"，事实上，酒香也怕巷子深。"大赢于势，中赢于道，小赢于术"，有好的产品，闭门造车是行不通的，还应当去做品牌。在这方面，小米公司做得很好。

小米手机诞生后，国产手机受到市场的热烈欢迎，消费者甚至有了国货情怀。消费者之所以改变了认知，是因为小米公司在"道"和"势"的层面赢了。小米公司以消费者为中心，营销和品牌都做得非常好，所以给消费者的感觉是产品也不错。从本质上说，小米公司已经从卖产品升级为卖品牌了。

很多人认为产品和品牌两条路一起走并不容易，尤其在品牌没有知名度的时候，但是产品和品牌两条路一起走也并非做不到。

如何在不知名的时候打造自己的品牌？我们以小米公司为例进行详细分析。

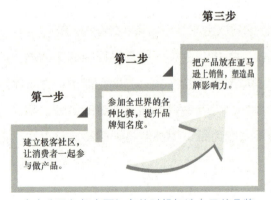

小米公司如何在不知名的时候打造自己的品牌

第一步：**建立极客社区，让消费者一起参与做产品**。这样做除了可获取消费者对产品提出的关键性意见外，还可以将这个事件打造成具备传播性的品牌故事，影响更多的消费者。

第二步：**参加全世界的各种比赛，提升品牌知名度**。在品牌没有知名度的时候，小米公司积极参加各种比赛。参加比赛获奖能够被认可，媒体会对小米公司的产品进行报道。这种报道对品牌打开知名度产生了重要影响。

第三步：**把产品放在亚马逊上销售，塑造品牌影响力**。这样做的目的是用国际消费者的认可和背书做宣传，塑造品牌影响力。

通过以上三步，小米的品牌影响力逐渐增加。

其他行业的公司同样可以借鉴小米公司推广产品的方法，卖产品也卖品牌，产品和品牌两条路一起走。

项目渠道：选定一个重心去发展

营销分为两个部分——营和销。营就是做品牌、做声量、做影响力，"求名"；销就是做转化、做销售、做利润，"求利"。线上和线下都包含这两个部分。做线上或线下，名和利重点求一个。如果两者都求，很可能会出问题，最终什么都得不到。当然，这并不意味着我们只能做线上电商或者线下实体店，对于大部分行业来说，同时经营线上电商和线下实体店是可行的，但我们不能以同样的投入发展线上电商和线下实体店，选定一个重心去发展更容易见成效。

> 我早些年做的"老枝花卤"品牌，在很多人看来，这是一个电商品牌，因为它有淘宝店和天猫店。但实际上，那只是在初期的时

候给大家留下的印象，真正赚取利润的是线下实体店。虽然"老枝花卤"的电商销量不错，但是线上团队的工资高、运费高，退换货、包装、引流等成本都比较高，导致线上的总成本远高于线下。综合计算，线上并不能赚取利润，甚至会亏损。

那么为什么不"砍掉"电商板块呢？因为一旦"老枝花卤"初期没有电商板块，就和一般的卤菜实体店没有区别了，也就不可能吸引全国的多家媒体免费报道，为品牌造势。另外，电商可以让消费者提前跨空间进行体验，这样就可以收集很多数据，如消费者的城市、社区、喜好等。这样线下开实体店的选址就有了数据支持，进而能确保实体店一开业就有一定的流量，更利于实体店存活。所以，"老枝花卤"的发展重心是线下实体店。

我曾经尝试同时发展"老枝花卤"的电商和实体店，但结果很不理想。因为线下产品线遵循餐饮逻辑，要求的是新鲜，而线上产品线遵循预包装的零食逻辑，要求的是保质期。这两个完全不同的产品线逻辑同时进行，在管理上会让创业初期的团队付出惨重的代价。线上、线下的团队也不同，很难在同一种企业文化下融合，最直接的区别就是工资体系不一样。这就增加了企业的管理难度和成本。因此，在"老枝花卤"这个项目中，发展的重心是线下，求利。线上只做品牌，求名。

企业在创业初期，最好选定一个重心发展，另一个作为配合。

项目起盘：找一个主打定位切入市场

项目起盘，找一个主打定位切入市场是非常关键的。市场切入点找错了，后面就会面临很多问题，甚至会导致项目起盘失败。

从营销的角度和投资的角度来看，有的项目本身就存在很大的问题，即服务品类过多。这样就会导致在项目起盘时，很难找到市场切入点。因为品类过多，会稀释消费者对品牌的认知，他们不知道这个项目的哪一个品类比较好。也许你会说："我们在很多方面都擅长。"但这对消费者没有说服力。

所以，新项目还是尽量找到一个主打定位，才能让消费者对你的项目产生强烈的记忆。什么都做的最终结果很可能是什么都得不到。

项目启动：让意见领袖发声

项目启动比较简单、有效的一种方式就是让意见领袖发声。

> 广州市有一家做德国欧索润滑油中国区总代理的公司，主要销售德国欧索润滑油和欧索汽车养护产品，走的是中高端汽车养护路线，销售渠道是各县市代理商和汽修厂。该公司的广告语是"动力不足，欧索修复"和"汽车动力不足，用欧索润滑油"。
>
> 从 2013 年到 2016 年年底，该公司一共投入了 500 万元，主要用于广告宣传和对门店代理商的扶持，公司一直没有赢利。到 2017 年，该公司才开始赢利，每个月销售额在 30 万元左右。虽然获得了一些利润，但是销量很难提升。

这家公司走的主要是中高端汽车养护路线，更好的启动方式是去汽车社区寻找达人，让意见领袖发声。公司可以采取付佣金或者销量分成的合作方式，让大量的达人去宣传润滑油的优点，做各种评测，在线上宣传。慢慢地，

这个品牌的影响力就会提升。

那么，如何寻找意见领袖呢？其实，有时候意见领袖并不一定是某个领域的达人，身边的普通消费者也可以是意见领袖。

> 电视上的某些广告高喊着买一送一或者只卖998元。很多人看了之后的第一反应是换台，所以广告的效果特别不好。惠康超市决定向购物者求助，把一辆卡车改造成一个广告录音棚，让消费者来制作惠康超市的广告。例如，让消费者站在话筒前念："哇！超柔面巾纸2件58元，快来买吧！"
>
> 一般来说，门店自己做活动，用喇叭喊自己的产品很好，消费者很难产生认同感，也很难产生购买的欲望。惠康超市让消费者帮忙喊出广告语的想法就非常有趣，而且吸引力很大，消费者的体验也很好。这种广告形式，不仅会让广告深入消费者的大脑，还会让他们产生一种信任感，觉得自己和产品建立了联系，这样就拉近了消费者和产品的距离。整场活动下来，消费者对惠康超市的品牌好感度增加了23%，广告在网络上引起了300万人的关注，获得了超过2 600万次的媒体曝光量，特色产品销量增长了500%以上。

惠康超市之所以让消费者帮忙喊出广告语能取得如此惊人的效果，正是因为找到了合适的人来当意见领袖。这个意见领袖并不是某领域的达人，而是普通的消费者。

其他门店也可以把这种让消费者帮忙喊出广告语或者打折信息的方式用到平时的活动中。例如，有一家超市准备做一个打折活动，除了发传单外，还可以在店门口摆一个大喇叭，让消费者在店门口喊："××超市大减价啦！酸奶10元3瓶，我刚买的。"喊完这段广告语的消费者可以享受一定折扣的优惠。餐馆、干洗店等很多门店都可以采用这种方式。

小E经营一家美妆店，主要销售护肤产品。她向我咨询，想请一个美妆达人代言店里的产品，但是考虑到资金问题，实现难度比较大。我当时给她的建议是，与其投入大量资金请美妆达人代言产品，不如让普通女性或者代理商来录制视频。为了体现出护肤产品的功效，可以让大家素颜录制视频，说出各自的职业、年龄，然后说："我是普通人，虽然我是素颜，但是我很自信，我推荐这个产品。"

除了让消费者喊广告语和打折信息，还可以让消费者写推荐语。例如，奶茶店可以设置一个贴纸留言板。假如我去买了奶茶，就可以在贴纸上面写：环球中心"脑细胞"的高臻臻推荐。消费者一般比较愿意参与这种活动，也很愿意将贴纸拍照发到微信朋友圈，如此便可形成口碑效应。

【冷启动案例】 ▸ 市场空白的项目如何冷启动

◎ **案例背景**

小F准备自己创业，开一家汽车美容店，主打产品是汽车液体玻璃。汽车液体玻璃属于一种新产品，它的卖点是高硬度、高亮度、抗氧化、防划，比同类的镀晶、贴膜等产品价格低、疏水性好、保持时间久。

这种产品在小F的城市没有实体店，属于一个空白市场。所以，小F想跟洗车店合作启动项目，这样既可以为洗车店引流，也可以省去租场地的费用。

小 F 的想法有点空，因为这个世界不缺好产品，更不缺新产品，卖不出去的新产品比老产品多得多。所以，启动一个项目的逻辑应该是先找到种子顾客后再投入，而不是先确定产品再想着怎么去销售。

我的建议是先找 10 家左右洗车店沟通合作，了解一下洗车店老板的想法和思路。此外，小 F 也可以先以最便宜的价格买 3 台车的液体玻璃去销售，如果销售成功，就要研究顾客的真实需求是什么。如果销售不出去，就要研究销售不出去的原因是什么。

只有这样做，才能确定一个项目是否值得启动。

【冷启动案例】━ 订单型项目如何冷启动

我的一个从事家装设计的朋友主营精装房装修业务。智慧城市概念兴起时，他将机器人元素加入了精装房设计，以打造智能家居的生活理念。虽然房价不变，但是装修费可以根据实际投入进行调整。这样就可以在一定程度上增加开发商的利润。

这一方案推出后，很多开发商和我的朋友签合同，合同总金额高达 3 亿元。但是，这个时候我的朋友没有任何智能设备。也就是说，签了合同并收到定金后他才开始找成熟的机器人、智能家装厂商进货。

如果一个项目不是订单型项目，那就是在赌是否会赢。什么是订单型项目？我的朋友所做的这个项目就是一个订单型项目，项目还没有正式启动就已经有了 3 亿元的订单合同。

可能有人会说这样的项目一般人碰不到。实际上，并非如此，这个项目的核心逻辑适合大多数行业、大多数人。

如何在启动之前就把自己的项目打造成订单型项目？我总结了六点。

第一，先做一个"最小可行性产品"的样品出来。 美国作家埃里克·莱斯（Eric

Rise）在其著作《精益创业》中提出一个专业名词叫 MVP（minimum viable product，最小可行性产品）。理论上，所有的项目都可以设计出"最小可行性产品"去验证市场。这样可以有效降低创业的风险。这个样品可以是实物，也可以是图片样稿，简陋一点没有关系，关键看样品是否能满足消费者的需求。

第二，**不要一开始就想做大投入的事情**。如果能先代理同类型的产品就先做代理商，学会"借船出海"。当销售渠道打开了，积累了资源，市场反响不错的时候，就可以考虑做自己的品牌。这样做，也可以最大限度降低创业的风险。

第三，**如果想代理或者加盟一个项目，应当先找品牌方要资料，然后发朋友圈或者通过其他的渠道尝试销售，了解项目的市场反应如何**。如果有购买意向的人较多，可以再去找总公司沟通代理或者加盟的事宜。

第四，**"磨刀不误砍柴工"**。要想降低项目启动的风险，就一定要静下心来，先去当"学徒"，去了解真实的市场情况怎么样、竞争对手最大的问题是什么。这样，自己创业的时候就可以尽量避免这样的问题。

第五，**尽量用众筹、预售的方式先得到消费者的资金支持**。例如，小梅想做一个幼儿绘本租赁的项目，她可以先去一些可以借书的书店借一些绘本尝试出租。如果可以租出去并且收到了租金，就可以考虑启动这个项目。

第六，**先吸引人**。采用从消费者需求出发反向满足的思路，也就是常说的 C2B2C（customer to business to customer，消费者到企业再到消费者），即消费者通过企业电子商务平台，实现消费者与企业之间、消费者与消费者之间的信息交流。例如，有一个老板建立了一个女性社群，从群里收集大家想要的产品，并在群里众筹，然后去找可以开发这个产品的厂商生产，再依托现有的销售模式，让群友销售。这样做有两个好处：一是大家都有主人翁感，会主动、积极地去做这件事；二是因为是群友自己想要的产品，所以可以打消销售顾虑。不同社群、不同的流量资源，做法都是类似的。

总之，要先去验证市场，考察市场的反应，找到第一波购买产品的种子顾客，再考虑启动项目。

【冷启动案例】 ━● **社群项目如何冷启动**

　　有位妈妈对母乳喂养很有经验,于是开发了母乳喂养的课程进行销售。这个项目的弊端是顾客几乎不会复购,而且壁垒低。于是她开始做妈妈社群,希望可以做一个全面、系统的育儿课程。但是她不知道做妈妈社群要打造一个什么样的人设才能更吸引人,是"专家"还是"妈妈",是做免费社群还是做付费社群?

　　我的建议主要有两点。

　　第一,初期打造个人 IP,提高自己的行业地位和专业度。 如果又是"妈妈"又是"专家",那效果会更好。不过,从过往案例来看,"妈妈"身份的成功率比"专家"身份的成功率高,比如某公号主,定位 ×× 妈妈,曾经一个月售出价值千万元的母婴用品。

　　第二,付费社群和免费社群都要做。 付费社群和免费社群最大的区别就是社群负责人的责任心。付费社群需要负责人投入大量的时间、精力,特别是运营初期,必须得解决社群成员的问题,而且还要非常注重社群氛围的维护。免费的社群,责任人可以不用特别花精力去经营,但是活跃度一般很难超过一个月。一般来说,免费社群是用来给付费社群导流的,运营者可以考虑设置群解散的功能,制造一种紧迫感、价值感,将顾客往付费社群引导,在付费社群做顾客沉淀。因此,做免费社群还是做付费社群,需要结合自己的项目特点和顾客需求而定。

【冷启动案例】 ━● **服务单身人群的项目如何冷启动**

　　有个餐饮品牌共有 4 家连锁店,线上有 5 个顾客微信群,大概有 2 000 人。为了进一步引导流量,老板想以自助餐的形式,做一场"双十一"的单身派对。老板的具体想法是在微信群里告知顾客单身派对的消息,让顾客提前预约。他们会在派对现场准备一些跟某个品牌合作的白酒,酒瓶上有空白的地方,大家可以在上面写上想说的话。如果当晚有顾客通过这种形式"脱单",他就可以免费获得88瓶白酒,但是每次只能领8瓶,要分10次领完,这样可以引导顾客再次消费。

如果该餐饮品牌的顾客微信群里的氛围还不错,我建议把电视相亲节目的模式搬到线下的餐饮店。线下活动可以按照节目中的流程进行,但是为了减少成本,可以把道具变一变。

具体做法如下。

(1)男女青年分别抽取号码,以号码为准进行匹配,然后进行8分钟交谈。

(2)8分钟后,男青年们按顺序交换位置,女青年们位置不变,进行下一轮8分钟交谈。

(3)交谈过程中,如果有人遇到心仪的对象,可以将对方的编号记在餐饮店发放的小纸条上(每人限写2个),活动结束后,餐饮店会将互相吸引的双方的联系方式告知他们。

(4)交谈过程中,不可询问对方的真实姓名、联系方式、详细地址等,不可询问对方是否愿意单独约会,不可有不文明言行。

(5)活动中和心仪的对象成功配对的人,可以获得奖励。

这种活动方式比较简单,实操性比较强。

此外,还可以以酒或饮料为道具,进行一些暖场的活动。

【冷启动案例】　　**五六线城市的商业机会**

我非常看好未来10年五六线城市的商业发展机会，因为这些城市的消费在不断升级。

虽然五六线城市的人收入不太高，但是他们没有太大的经济压力，所以消费能力比较强。

什么是消费升级？消费升级有4个特征。

第一，从功能需求到精神需求的升级，追求的是精神满足。

第二，从品质需求到精致需求的升级，追求的是审美表达。

第三，从刚需产品到满足心理需求的产品的升级。

第四，从从众到出众的升级，也就是追求个性化需求。

我们来看一个有趣的案例。

有60%的"70后"经常在家做饭，并且喜欢做饭，但喜欢做饭的人的比例在"80后"人群中不到30%，在"90后"人群中只有20%。很多年轻人越来越不喜欢自己做饭了，所以外卖的生意越来越好。但是，和这个数据从理论上完全相悖的是，这些不做饭的年轻人却愿意花3 000元买一口锅。做厨具的双立人在中国区的销售额已经超过了在日本、美国与德国本土的销售额，中国成了双立人在全球最大的市场。对很多年轻人来说，做饭已经不再是一种家务活，而是一种享受自己动手、烹制一粥一饭的放松的活动；不再是烟熏火燎，而是一项娱乐活动。这个现象就非常符合消费升级的特征，消费者更追求精神满足、追求产品好看，追求的是个性化需求。

我们现在已经初步了解消费升级的含义了，再看看消费升级可以给五六线城市带来哪些商业机会。

1. 精酿啤酒馆

消费者从超市、餐饮店与渠道购买啤酒，选择范围有限，而且缺少体验感。所以，有上千种啤酒可以选择的风格化、有氛围的线下精酿啤酒馆对消费者会有较大的吸引力。经营者还可以以精酿啤酒馆为仓库，向当地的餐饮店、夜宵大排档供货。这种精酿啤酒馆在五六线城市比较少见，所以市场前景会比较好。

2. 海鲜、生鲜类专卖店

五六线城市海鲜、生鲜类的专卖店还比较少，特别是内陆地区。这是一个比较好的商业机会。

3. 恒温游泳池

大城市里通过游泳健身的人越来越多，但是五六线城市的恒温游泳池比较少，即便有，价格也很贵。所以，这也是一个市场机会。

4. 咖啡店

随着人们生活水平的不断提高，咖啡的消费也在不断升级。可以说，我们已经处在第三次咖啡浪潮中了。第一次，雀巢的袋装速溶咖啡让我们认识了什么是咖啡；第二次，星巴克让我们认识了什么是工业咖啡；第三次，精品咖啡让我们可以喝到更好、更精致的咖啡。但是，有不少五六线城市还没有达到第二次、第三次咖啡浪潮的阶段，所以这也是一个很好的机会。

5. 便利店

不少五六线城市还没有可以卖早点、盒饭、牛奶、饮料、酸奶等真正突出便利性和即时性的便利店，所以开类似的便利店也是一个机会。

6. 轰趴馆

轰趴馆是指在很多大城市租下整栋别墅或者一个大房间，改造成一个可

以举办生日会、同学会等活动的场所。在轰趴馆里不仅可以吃饭，还可以唱歌、玩桌游、跳舞等。这个项目在很多五六线城市还是一个空白市场。

7. 餐饮化超市

在像盒马鲜生这样的超市，你可以先选你想吃的海鱼，然后让超市里的师傅帮你加工，最后在超市里吃。这种餐饮化超市，人们还是很喜欢的，但是很多五六线城市还没有这样的超市，所以这也是一个机会。

8. 针对单身人群的产品

随着单身人群的数量和消费能力不断上升，针对单身人群的产品将会有很大的市场机会。例如，独立小包装的薯片、水果、牛奶，或单身公寓、小规格厨具、提供"一人座"的新式餐厅等。

9. 精致的小型婚礼服务

大城市的婚庆行业除了越来越流行主题婚礼以外，还有一种精致的小型婚礼也在逐渐流行。一些"95后""00后"不选择在酒店里结婚了，而是选择在一些独具风格的农家乐、咖啡馆把婚礼"做轻"。这种婚礼一般来参加的人不多，类似亲朋好友聚会。因为人数不多，所以可以采用一些高品质的摆件，这些摆件可以重复使用。这样不仅可以帮消费者省钱，也可以帮婚庆公司控制成本。为这种小型婚礼提供场地、摆件、策划等服务的项目在五六线城市有一定的发展潜力。

10. 和儿童相关的行业

例如，人工智能教育等各种培训课程；专门的儿童理发店，小孩子可以坐在卡通汽车上理发；专门供儿童读书和借书的儿童绘本馆；专门供儿童吹泡泡的泡泡体验馆，等等。这些在五六线城市还不多见，都有一定的市场潜力。

11. 老年人的假发店

上海有家专门供老年人选假发、选头饰的假发店。假发店不仅可以解决老年人掉发的问题，还可以帮老年人换不同的发型。这家店的生意非常好，利润空间也很大。随着人口老龄化的到来，这个项目在五六线城市也会有较大的市场机会。

阿尔法泡泡体验馆门店

12. 小众的培训班

例如，收纳师培训班等项目在五六线城市是不多见的，也有较大的机会。

13. 摄影行业的升级和细分

例如，专门拍微信头像等社交平台照片的服务，或专门拍毕业证件照的服务等，这类细分领域摄影服务项目在五六线城市不多。

总而言之，未来10年，五六线城市的消费升级带来的市场机会很好，我们要把握机会，就要从提升消费品质、提升消费体验这两个角度去寻找机会。不过，速度一定要快，要抢在一些大公司、大品牌的前面，等它们正式开始大规模做下沉市场的时候，实力不强的中小企业创业者就会失去机会。

【冷启动案例】 → **偏小吃类餐饮店的项目分析**

◎ **案例背景**

在一个县城，有一家特色小吃店，主营手工酸辣粉、凉面、红豆汤、冷饮等，卖得最好的是酸辣粉，小吃店每天的营业额是3 000～

4000 元。

　　这家店已经开了 3 年，位置在一个十字路口，而且是在两所学校之间，人流量不错，口碑也很不错。据老板统计，这家店的顾客以女性为主，年龄在 25 ～ 40 岁。但按地理位置来说，这家店顾客的年龄应该在 15 ～ 20 岁，学生是该店的目标客源。所以，老板想通过一些营销方法，抓住更多的 15 ～ 20 岁的顾客。

　　我不太认同这家店的老板的想法，我认为：顾客选择你的重要性大于你选择顾客的重要性。所以，他要做的是优化产品，留住店里的顾客，而不是抢占 15 ～ 20 岁的顾客。

　　实际上，我很看好偏小吃类餐饮店的市场前景。主要原因有以下 4 点。

　　第一，餐饮行业一直在洗牌，不适合从事餐饮行业的人会慢慢被淘汰，留下的都是有很强的餐饮运营能力的团队。在这样的环境下，餐饮行业可以实现可持续发展。

　　第二，随着收银系统、平台的规范化，资本也在逐渐进入餐饮行业。

　　第三，相对来说，餐饮行业是为数不多的可以对抗通货膨胀的行业之一。因为餐饮行业比较容易根据食材成本的上涨来提高价格。

　　第四，市场还没有太多像麦当劳、肯德基这样的大型餐饮连锁品牌，小吃最有可能成为这方面的"独角兽"，因为小吃的经营成本低、产品售价低、食物制作流程标准化。

品牌冷启动：
从文化创新中找到商业切入点

牌冷启动的关键之一是创新，而创新的关键是"内功"，即从文化创新中找到商业切入点。

打造吸引亚文化人群的品牌

在商业社会中，竞争越来越激烈，产品同质化现象越来越严重，品牌差异化越来越模糊，同行都是在"红海"中互相竞争，过得很没有安全感。半个多世纪以来，主流的品牌营销逻辑是基于产品的，但是产品从质量、功能上来说，却越来越趋同。另一方面，需求越来越碎片化，越来越多样化，和产品越来越统一化形成了鲜明的对比。要创新，可以从关注文化，特别是亚文化人群的喜好来切入。

亚文化是"寻求一种小众的风格"的文化和价值观。所以，小公司、新公司在红海市场里因为缺资金、缺资源、缺人才拼不过大公司时，可以从亚文化中寻找商业切入点，打造吸引亚文化人群的品牌。

亚文化人群的出现是社会的变迁导致的，产生的因素可能是经济的发展，也可能是技术的变革。

我认为，进行亚文化创新的方法有以下3步。

第一步，寻找亚文化。

首先我们要知道，为什么要寻找亚文化。通常情况下，大品牌、大企业在主流人群、主流文化中很有竞争优势，如果我们不像"田忌赛马"一样避开它们，另辟蹊径，很难做到四两拨千斤。

在多元化时代，各种亚文化人群崛起，正是利用亚文化创新的好时代。

在大部分的行业和市场中，不同品牌的产品在功能上都有交叉，因此很少有创新的机会。所以，一定要抛弃"工程师思维"，仅仅开发一些新功能是很难成功的，应该从历史发展的角度来看待自己的品牌。

消费者是通过文化、价值观来理解、体验和评价产品的。很多企业都想通过功能、技术创新来超越同行，但是在文化层面上却又互相模仿。所以，它们推出的营销方案都只是对相同的意识形态做细微的改动。

所谓的亚文化，是指围绕某种意识形态聚合在一起的群体的文化，而这种意识形态和该领域的主流文化是相对应的。亚文化为品牌的文化表达提供了很高的可信度，因为亚文化证实了这种意识形态的存在。

小米出现以前，手机品牌商大多定位于音乐手机、拍照手机，没有一个品牌的定位是为"发烧"而生的手机，更没有锤子手机的罗永浩所创造的"价值观"手机。

在罗辑思维之前，大部分学习机构都是传统的教育培训机构，没有人提出"我为你读书，我是知识的服务商"这样的概念。其实这种概念背后的亚文化是财富精英们希望通过读很多书成为"文化精英"。

在老枝花卤之前，卤味品牌都在宣传自己是老字号，没有人宣传自己是代表互联网时代创业者的"新字号"。老枝花卤背后的亚文化是"传统行业拥抱互联网时代的创新精神"。

在经济高速发展的背景下，有很多亚文化可以去挖掘和利用，比如慢跑，有的人特别爱跑步，他们觉得跑步是一种历练，是对营养过剩的回应。很多人跑步并不是为了作秀，而是真正享受这个过程。这个过程让他们感觉到自己还有活力。对这种慢跑亚文化的价值观的提炼，能够用于运动用品、健身俱乐部、旅游、酒店等很多行业的亚文化创新。

我经历了很多次创业，也考察了很多项目，感受最深的就是创业其实就像冲浪，不是你努力了就能成功，而是你能否选择到好的海浪，让浪潮带着你前行。你需要做的只是在浪潮上保持平衡，可以待更长的时间或选择下一个正确的浪潮。这个世界上没有英雄，做企业、做品牌、做营销一定要从历史发展的角度来看，从亚文化中找到下一个正确的浪潮。

第二步：创造故事

找到适合自己品牌颠覆式创新的亚文化以后，还需要提炼该文化的核心价值观，比如耐克的慢跑亚文化人群的"个人拼搏意志"，再比如杰克·丹尼（Jack Daniels）的威士忌亚文化人群的"拓荒精神"。

只有这些意识形态是远远不够的，因为意识形态只是一种态度。例如，在日常生活中，意识形态让我们快速地做出判断，哪些事情能做，哪些事情不能做。意识形态只是一面旗帜，不能被直接商业化运用。所以，我们必须围绕这个意识形态来挖掘、包装某个人、某件事情，让其成为故事。因为直接跟消费者说意识形态和价值观，可能很少人能听得懂，但是讲故事大家都能明白。

我把创造故事分为三类。

（1）利用自身的文化资产创造故事

利用文化资产指的是从公司的创始人等方面创造故事。

例如，杰克·丹尼威士忌包装的故事就是关于田纳西的酿酒工人的，这群工人很有"男子气概"。万宝路和杰克·丹尼处在同一个时代，也利用了类似的正在崛起的亚文化——美国西部的牧场文化。它包装出来的故事是意志坚强、能力出众的牛仔们在荒凉、气候变化无常的牧场上努力工作，照看羊群。这些案例都把非常难以理解的文化，通过故事变成人人都可以理解、容易产生共鸣的观念传达给消费者。

很多品牌的网站上都有一个栏目叫品牌故事，例如竹编工艺品品牌的故事：技艺是祖辈们传下来的。但仅有故事还不够，因为它只是一个故事而已，没有利用到亚文化的势能，会显得有些单薄。这个祖传工艺的故事再加上一些亚文化元素，效果就不一样了。例如，第七代竹编技艺的传人是个年轻人，毅然放弃了高薪工作，不仅准备传承这门手艺，而且还去招收学徒。他这么做是为了让这门手艺传承下去。为了做这件事，他做了很多的工作。这样的故事符合迫切想传承传统文化的亚文化群体的精神需求，因为这个年轻人做了大家想做却不敢做的事。这非常有可能吸引到媒体的报道采访，从而得到广泛宣传。

（2）用故事将亚文化扩展到主流文化

如果品牌一直在亚文化的框架内运作，那有可能只能成为一个小众品牌，没有办法突破销量的天花板。

我们前面介绍的竹编工艺品品牌，怎么把祖传技艺传承的故事扩展到主流人群呢？

首先，我们推敲一下竹编工艺品品牌的故事里表达了哪些核心价值观。父辈、祖父辈年龄大了，那么好的一门手艺就要失传了，挺可惜的。想一想，这种心理和现实生活中的哪些事情特别像？

我第一个想到的是不忘传统，结合幼儿教育。2008 年，竹编被列入国家级非物质文化遗产。现在有很多小朋友读国学，学习传统文化，呼应之前讲的"传承传统"的故事，经营者可以给小朋友们开发一款竹编的手工"玩具"，只提供材料，玩具需要小朋友自己动手做，比如制作古代的小兔灯等。通过竹编让"文化传承"实物化，让孩子对"文化传承"有更深的理解。

广告投放是要花钱的，而媒体宣传，很多是免费的。在信息大爆炸的时代，站在风口浪尖的企业需要一个企业家来演绎故事，他的故事是企业免费的广告。对于企业来说，"宣传人"比"宣传事情"的性价比更高。

（3）没有人的故事

星巴克最早是将世界各地的好咖啡豆卖给顾客，让他们自己回家研磨、冲调，但是这只能满足咖啡爱好者的小众需求，很难扩大成大众市场的生意。星巴克的创始人霍华德·舒尔茨（Howard Schultz）突破这个天花板的灵感来自他的一次意大利之行。

霍华德·舒尔茨在意大利迷上了意式蒸馏咖啡。他的想法是开一家正宗的意式蒸馏咖啡馆，让大众不用回家自己做咖啡就可以体验到正宗的意式蒸馏咖啡。为了培养大众消费者。他改革得很彻底，甚至把咖啡的味道都改了。因为他发现用正宗的意式做法做出来的咖啡味道太古怪，而且正宗的意式做法对咖啡的品种、栽培土壤和种植方法太过于苛刻。正宗的意式咖啡虽然让咖啡爱好者疯狂，但是大众还是无法接受，而且产量也有天花板，不可能大规模生产。

所以，星巴克在咖啡中加入牛奶等其他元素，让大多数人觉得咖啡好喝，用大量的市场营销元素来体现精英文化的品位。就这样，感觉高端同时产品味道能吸引大众的星巴克慢慢席卷了全球。

创作故事是为了让普通受众更容易理解品牌，达到扩大消费人群的目的。所以，星巴克这个没有主角的故事也算故事。

第三步：做好文化表达和文化包装。

一个故事想要引起消费者的共鸣，就必须用合适的文化内容来表达，无论是电影、实体店的招贴广告还是包装的图文设计，都必须把之前讲的品牌的价值观落地。这类工作一般是由广告公司来做的，但是老板自己也可以构思，然后交给美工来实现。星巴克从空间设计到产品包装、衍生品设计等都在强化星巴克"精致品味生活"的价值观。

文化创新是一个不确定的事件，但是，我们可以参考亚文化创新的步骤，让企业、品牌的发展踏上文化发展的历史轨迹，成为某种亚文化中的时势"英雄"。

品牌命名的原则：让消费者快速感知

不同行业的管理者问我最多的问题是：如何给品牌命名？品牌命名对企业的发展非常重要，需要慎重考虑。品牌命名的核心原则是让消费者能快速感知，具体表现在 3 个方面。

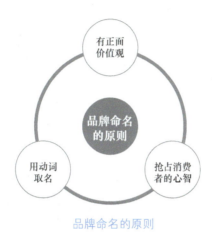

品牌命名的原则

有正面价值观

为了吸引流量，很多经营者会取一些非常另类的品牌名。虽然这样的名字很新颖，但是有一种哗众取宠的感觉，消费者未必喜欢。

最初，我的公众号名字叫"高臻臻站着说话不腰痛"，简称"高腰痛"。上节目的时候，节目组会给我拿一把椅子当道具，我站在旁边不坐，以呼应"高臻臻站着说话不腰痛"这个名字。这看上去很有趣，但是事实证明，名字改成"脑细胞"更好。试想一下，如果我们企业做大了，参加一些正式活动的时候，主持人一本正经地说："现在有请高臻臻站着说话不腰痛有限公司的CEO 高臻臻上台"，活动现场岂不是变成了娱乐现场。所以，品牌名要正式，要能传递正面价值观。

抢占消费者的心智

"脑细胞"社群里有一位卖蜂蜜的老板，想注册一个叫"蜂人园"的名字，理由是"蜂人园"和"疯人院"谐音，容易被消费者记住。对此，我是强烈反对的，主要原因有两个。

第一，"疯人院"这个联想并不正面，对于蜂蜜这样的健康产品并不适合。

第二，这个品牌名没有突出产品的核心卖点，很难抢占消费者的心智。

我问他："喝蜂蜜的人用户画像是什么样的，在什么场景下喝蜂蜜？"他说喝蜂蜜的主要是女性，是一些热衷美容、养生的人群。很多女性会在起床后或睡觉前喝一杯蜂蜜水。听完他的描述后，我建议他将品牌名改成"730早餐蜂蜜"，口号是"730早餐蜂蜜——一个爱自己的契约"。

我之所以建议取这个名字，是想在消费者大脑中植入一个时间戳。每天早晨7点30分，消费者就会自然联想到这款蜂蜜。长此以往，消费者就会养成每天喝该品牌蜂蜜的习惯。

用动词取名

我发现一种现象：品牌名称是动词的，一般更容易被记住。例如，有一款饮料叫"尖叫"，有一家火锅店叫"吼堂"，都容易被消费者记住。

成都的吼堂老火锅就是用动词取名

人们看到动词的时候，大脑中就会不自觉地浮现出画面，而名词、形容词一般达不到这样强烈的效果。所以，门店经营者在为品牌命名的时候，可以考虑加入动词。

Slogan设计的思考方向和逻辑

Slogan 的意思是标语、口号。一般来说，Slogan 是一句简短、精练的话，是企业核心理念的浓缩，能够快速向受众传递品牌的内涵。门店 Slogan 的设计要达到这种效果，就需要在设计的时候遵循正确的思考方向和逻辑。

Slogan设计的思考方向

思考方向对了，才能设计出有吸引力、体现门店理念的 Slogan。

> 有一家烧烤店的 Slogan 模仿的是小米的"为发烧而生"，设计的是"为烧烤而生"。但是，市场反响很一般，于是老板就没有继续经营。

我认为小米的 Slogan 风格并不适合烧烤店。小米的 Slogan 主要是为了吸引第一波种子顾客，给他们带来荣誉感，进而加强顾客关系。但是这对烧烤店来说显然不合适，因为很少有人会因为喜欢烧烤而成为烧烤店的好友。所以，这家店的 Slogan 设计存在问题，也影响门店流量。因此，我建议重启项目的时候要重新设计 Slogan，用更简单、直接的 Slogan，如"我们店最好吃的是排骨，其他的你都不用点"。

好的 Slogan 能植入顾客的心智，顾客看到这句 Slogan 后能够强化对品

牌的认知。

当然，Slogan 的设计不一定要从产品本身的角度思考，也可以从企业的价值观、团队的价值观、竞争对手等角度思考。关键是一定要突出门店的特色、核心理念，能够吸引顾客。

Slogan设计的思考逻辑

Slogan 设计的思考方向对了，并不意味着就一定能设计出好的 Slogan，经营者还应当遵循 Slogan 设计的思考逻辑。

> 有一家传统便利店叫"超人"。除了销售常见的商品外，该便利店还提供一些增值服务，如帮忙倒垃圾、换零钱、收送快递、打印复印、免费借充电宝、免费借雨伞、免费借拖鞋等。这家便利店还计划做更多的城市增值业务，如跑腿、送蛋糕等。这些服务的范围是以社区为中心的一千米内。该便利店的核心销售服务是线上下单免费送货上门。
>
> 门店经营者为了吸引更多流量，想设计一个有趣的 Slogan。老板想了几个，如"爱你的就是超人""有超人就够了""送货就让超人送"等，但都不是很满意。

在我看来，Slogan 的设计一般有 4 步。

确定顾客是谁 ▶ 确定品类 ▶ 提取核心优势 ▶ 整理以上信息设计Slogan

Slogan的设计步骤

第一步：确定顾客是谁。用微信或者电话下单买东西的大部分都是年轻人，老年人很少有这样的习惯。所以，我们可以确定这家便利店的大多数顾客是年轻人。

第二步：**确定品类**。最初我想到的是，为了区别于其他的便利店，该店可以用"便利店仓库"这样的新概念。但是顾客对这种新概念的认知不强烈，所以还是用便利店的概念和品类比较合适。

第三步：**提取核心优势**。顾客的痛点有很多，例如，不想下楼，不想出门，嫌等外卖的时间太久。对这些信息进行整理后，我们可以提取解决这些痛点的核心优势，如"近（快）""送货上门（方便）"。

第四步：**整理以上信息，设计 Slogan**。例如，"超人先生便利店——微信吼一声，东西免费送上楼"。"吼"这个字能给人一种距离很近的感觉，而且这个动词能加深记忆；"上楼"二字比送货上门让人感觉更亲近，更能给顾客一种"我就在你家楼下"的感觉。整体来说，这个 Slogan 比之前老板自己想的那几个更具吸引力。

以上 4 步就是设计 Slogan 的思考逻辑。除了 Slogan 外，店招、宣传、服务等都可以围绕这个逻辑进行思考。

此外，Slogan 的设计还需遵循一个思考逻辑：站在巨人的肩膀上。如何理解这句话呢？我们先来看一个案例。

有一家叫"袁记饺子"的门店，主营生鲜饺子、云吞和面条。老板认为生熟结合模式有更好的体验感和适用场景，于是新创立了一个品牌，叫作"藜烧·饺子谷"。"藜"是藜麦的意思，因为藜麦起源于南美安第斯山谷，所以"谷"代表藜麦的起源。老板用这个名字有两个原因：一是这家店所用的藜麦的种植基地获得了北美和欧盟有机双认证，该基地位于甘肃兰州；二是原料藜麦和成品饺子生熟结合的新模式，代

替原有的单一生食模式，能够增强顾客的体验感。这个生熟结合模式已经试点成功，很受顾客欢迎。

为了吸引更多的流量，老板决定设计一个能概括门店特色的Slogan。老板设计的Slogan为"藜享谷物，更有粒量""战斗粮食，内芯强大""小小藜麦，大有作为"。

老板设计的这几个Slogan几乎都是围绕"藜麦"两个字，是为了突出门店的特色，但是"藜麦"这两个字并不利于门店的宣传和引流。因为"藜麦"二字并不为大众所知，如果Slogan要借它的"势能"，就是犯了一个本末倒置的逻辑错误。我为该品牌设计的Slogan是"藜麦饺子——饺子皮源自南美安第斯山谷"。这句Slogan里面的"南美安第斯山谷"就是"巨人的肩膀"。虽然消费者可能对南美安第斯山谷不是很清楚，但是他们会对这个词语展开想象，会因为好奇而进店消费。

利用以上的思考方向和逻辑设计出的Slogan只是初级阶段的Slogan。门店还应当根据时代的发展和消费者需求的变化，对Slogan不断进行调整和升级，顺应时代的变化，吸引更多的流量。

Slogan设计的3个策略

明确了Slogan设计的思考方向和逻辑后，如何才能设计出一个合格的Slogan呢？接下来我分享3个设计Slogan的策略。

Slogan设计的3个策略

综合考虑各种要素

我认为，品牌名称必须跟产品的差异化特点、核心团队的背景深度匹配。

> "脑细胞"曾经做过一个品牌孵化的项目。甲方是淘宝销量很高的桌旗品牌——蜡笔派。消费者对这个品牌产品的评价非常高。但是，仍然有很多人不知道桌旗是什么，这成了影响产品销量的一个关键因素。
>
> 我们经常在电影中看到这样的镜头——一张餐桌上铺了一块长长的布，上面摆放着烛台、水果盘等。这块布就是桌旗，有了它，整个餐桌都显得有灵气。
>
> 桌旗店的老板委托"脑细胞"团队设计一个定位品牌的 Slogan，我们设计的 Slogan 是：蜡笔派——软装的画龙点睛。

为什么要用这句话做 Slogan 呢？

第一，对于对桌旗没有很深认知的人来说，他们首先要了解的信息是桌旗是什么以及它的作用是什么。"软装的画龙点睛"这句话表述的就是桌旗是

软装饰品，可以让家看起来更有灵气。

第二，"画龙点睛"是一个很吸引人的词语，是在暗示消费者：你新装修的家很好，但是缺少亮点，可以买一张桌旗，完成入住前的最后一步，达到画龙点睛的家装效果。

第三，新时代的人更注重软装，但是对软装是什么并没有一个明确的概念。这句 Slogan 把大家很关心但是没有办法具象化的软装具象化了。因此，很容易抢占消费者的心智，给他们留下深刻的印象。

第四，根据这句 Slogan 可以延展出很多实际的应用。例如，淘宝店上的产品介绍图片可以换成黑白的没有桌旗的照片和彩色的有桌旗的照片的对比图。这种对比图能让人有画龙点睛的感觉，和 Slogan 互相呼应。此外，对外做活动、做宣传。

实际上，品牌名、Slogan、VI（visual identity，视觉设计）和项目本身、宣传策略、团队本身都是一个整体，不可以将它们分开单独考虑。随便选一个 Slogan 是极其不负责任的行为，对品牌的发展没有好处。

不能只讲情怀

不知道从什么时候起，一些企业开始讲情怀。在我看来，只有那些没有核心竞争力的企业才会只讲情怀。

我曾看到过一家咖啡店的广告文案是这样写的——我们用心做好一杯咖啡；有一家面馆的 Slogan 是这样的——不一样的家常面。

这两个 Slogan 让我感到很疑惑：咖啡店不就是要做好咖啡吗？不一样的家常面是什么样的？这两个 Slogan 看上去好像很有情怀，但仔细想想，完全体现不出产品差异化的特点，没有品牌的思想。这种品牌输出的方式显然是无效的。所以，设计品牌 Slogan 的时候不能只讲情怀。

显示自己的核心竞争力

有一家叫"彭记"的餐馆，主营湘菜。门店的Slogan是"一起分享彭友的味道"。这个Slogan看上去没有什么问题，但实际上在营销上是一个不及格的Slogan。因为这句话没有显示出门店的核心竞争力。

一个合格的Slogan一定要体现出门店的核心竞争力。例如书亦烧仙草的Slogan"书亦烧仙草，半杯都是料"，虽然只是简单的一句话，但是突出了自己的核心竞争力——料足。这种Slogan会让消费者产生画面感和记忆点。

店招设计：吸引客流的8个要点

如何设计一个能吸引客流的店招呢？

第一，要出现品牌名称。这个很好理解，就是品牌叫什么名字。

第二，要出现品类名，要让顾客知道店里主要销售什么产品。例如，新加坡菜、精致家常菜。

第三，要有口号，表达出门店有什么不一样的地方。例如，到成都必吃的小吃。

第四，给出一个不得不选择进店消费的理由。

第五，字体越简单越好，尽量不用繁体字和纯英文，也不要选择生僻字和难以辨认的艺术字体，争取做到一秒内就能够让顾客抓住重点。

第六，店招越大越容易吸引人。很多奢侈品品牌的店招都很大，甚至布满一整面墙。店招越大，越容易给顾客带来门店实力很强的感觉。

第七，店招材料要耐脏、耐旧。有一家餐饮品牌的店招，整体设计属于明亮的蓝绿色，刚开始很好看、很清新，但是时间一久，颜色看上去就显得很旧，不得不更换。更换店招很麻烦，既浪费时间又浪费金钱。

第八，如果有可能，可以把一些长期的活动展示在店招上，作为差异化点来长期吸引顾客。我们来想象一个场景，在你的公司楼下有两家包子店，包子的味道都很好，两家包子店都有免费提供豆浆的活动。第一家包子店的店招是这样写的：×××包子。第二家包子店的店招多了一句话：免费喝豆浆！假如你是第一次去，你会优先选择哪一家？大概率是第二家，因为它在最短的时间内给了顾客做出下一步行动的理由，第一家包子店虽然也有同样的活动，但是没能在第一时间让潜在顾客知道，因此错失了被选择的机会。所以，好的店招文案可以在最短时间内激发顾客行动，做出选择。

如果门店可以将以上8点完美地体现自己的店招上，那么可以说这个店招真正合格了。

个人IP：明确个人的价值主张

对一些规模较小的实体店来说，打造品牌可能不是一件容易的事，但是经营者可以打造个人IP。学会打造个人IP，明确个人的价值主张，也是实体店引流的有效方法。

有一家卖珠宝的实体店，客源主要是老板及员工身边的亲朋好友。门店的主打产品是彩色宝石、翡翠、珍珠和K金类珠宝，每个月的营业额在几十万元到几百万元不等。门店和其他同行的产品的差异化点是私人订制、款式独特，而且价格比较便宜。

这个店的老板是两个孩子的妈妈，曾经经营过休闲酒吧、服装店、学生公寓等。她结婚时，她的父亲送了她一对翡翠手镯，很多人都说漂亮，但是她觉得这对手镯有点奇怪，就拿去做了鉴定。

鉴定的结果是假货。她的父亲当时难以置信，因为这是他早年就买来准备给她做嫁妆的。当时她看到父亲的表情很难受，所以她决定做点什么。于是她就以两个孩子的乳名命名做了一个珠宝品牌。她的想法是只做真货，至少从她这里销售出去的每一件珠宝都是真的，她不想再看到别人像她父亲那样，看到假货失望、难受。

但是经营的过程中她遇到了一些问题，主要是人流量少。她想通过一些营销策略来进行引流。

我认为这家店最需要做的是"推人"和"推产品"，老板要把自己当成IP来打造。她可以将自己和父亲以及两个孩子的故事打造成人物IP。因为故事很温暖，所以消费者会对这个IP有好感，进而形成一个良好的传播形势。

当然，只有故事远远不够，还需要找到一个价值主张，然后通过各种事实来丰富这个价值主张。例如，高臻臻的价值主张是"只说人话，不讲概念"。我在很多地方都会体现我的这个人格标签，让大家对高臻臻这个IP产生标签化记忆，产生信任，降低我们之间交易和沟通成本。

所以，如果门店不能打造品牌，那不妨尝试打造个人IP，明确个人的价值主张。

用店里的吆喝声打造个人IP

有一位朋友强烈推荐我去吃成都一家店的怪味面。这家店的生意非常好，但是面的味道一般。不过这家店有一点让我的印象非常深刻，就是这家店的老板和服务员的吆喝声。

我和朋友刚进门，服务员就过来热情地问："两位先生，吃什么面？"

朋友说:"两份一两的怪味面,两份一两的海味面。"

服务员大声地往厨房喊:"来了两个'妖(幺)怪',两个'海怪'。""幺"就是"一"的意思。我听着觉得特别有意思,就好像说一会儿店里来了"妖怪",一会儿店里又来了"海怪"。这就是这家店的风格,就是其人物IP。不得不承认,这种IP很吸引人。

通过朋友圈打造个人IP

打造个人 IP 成本最低的地方就是自己的朋友圈。

> 有一位餐饮店的老板写了一段朋友圈文案让我给建议。这条朋友圈文案是:一个人只要够胖,哪怕他是在认真看书,都像在点菜。配图是一个看书的卡通娃娃。

我认为他这样发朋友圈不利于打造老板的个人IP。因为打造个人IP,最起码老板本人要出镜。所以,我建议他把卡通图去掉,换成自己看书的图片。两张图对比来看,显然放老板本人的图片更有趣,更能在朋友圈给人留下印象,形成记忆标签。

不能形成记忆标签的朋友圈内容不利于打造个人IP

能形成记忆标签的朋友圈内容更利于打造个人IP

打造个人 IP，明确人格上的价值主张，可以更好地与消费者建立信任关系，更能吸引消费者，实现低成本沟通。所以，我们不仅要学会打造品牌，更要学会用各种方式打造个人 IP。

提高品牌的真诚度、亲切度是高维度的营销策略

我很赞同李靖（百度前副总裁）对"营销"的理解。他大概是这样说的："营销就是以满足消费者需求为目的，又达到自己的商业目的的方式。"我们要始终记住，门店和消费者是双赢的关系，而不是猎人和兔子的关系。所以，我常说："真诚才是最好的营销方法，提高品牌的真诚度、亲切度是高维度的营销策略。"

有一个老板曾跟我讲过他经历的一件有趣的事情。

他在一家汽车美容店一共消费了近 10 万元。其实他最初并没有想在这家店购买洗车、保养、贴膜等服务，而且这家店离他家很远，之所以最后选择这家店是因为中间发生的一个小插曲。

他平时有洁牙、整牙的习惯，每年都会去医院好几次。但是，他

常去的那家牙科医院楼下的停车位非常紧缺，每次都找不到停车位。第一次去的时候，这家医院的医生就给了他一张免费的洗车卡，并且告诉他，那里还可以免费停车。这张卡可以免费洗车4次（原价是洗一次45元）。当他用完4次以后，医院的医生又给了他一张卡，依然可以免费洗车4次。这家店不仅洗车洗得特别干净，而且服务态度非常好，店员全程都是微笑服务，而且不会推销任何产品和服务。

当他第7次去洗车的时候，他的心理产生了微妙的变化。他卡里还有免费的洗车额度，看到店员那么热情地免费给他洗车，他觉得有点不好意思。所以，第7次时他主动付费了。这时，店员依然温馨地提醒他："先生，您的卡里还有免费的洗车额度，所以您不用给钱。"这让这位老板对这家店的印象更好了。

当他第8次去洗车时，他开始主动询问店员："你们店里做一次汽车保养要多少钱？"结果价格比4S店便宜不少，他便立即决定在这家店做汽车保养。在汽车做保养时，店员跟这位老板说，车的某个零件存在一些问题，需要更换。他没有任何犹豫，很乐意付费更换零件。慢慢地，他在店里的消费越来越多。

这就是真诚和信任的力量，提高品牌的真诚度是效果很好的营销方式。

商人王永庆小学毕业后到一家米店做学徒。第二年，他用父亲借来的200元做本金，自己开了一家米店。为了和隔壁那家米店竞争，王永庆颇费了一番心思。当时大米加工技术比较落后，出售的大米里混杂着米糠、沙粒、小石子等，买卖双方都是见怪不怪了。王永庆则把米中的杂物拣干净之后再销售，这一额外的服务深受顾客的欢迎。

此外，王永庆很多时候会送米上门，而且他会在本子上详细记录顾客家里有多少人、一个月吃多少米、何时发工资等。算算顾客的米该吃完了，他就会送米上门，等到顾客发工资的日子，再上门收取米款。

　　他给顾客送米时，并不是送到就走了，而是帮顾客将米倒进米缸里。如果米缸里还有米，他会把旧米先倒出来，将米缸刷干净，再把新米倒进去，最后把旧米倒在上面。这样，旧米就不会因为放太久而变质。他这个小小的举动令不少顾客深受感动，久而久之，顾客专门买他的米。就这样，他的生意越来越好。

　　在那个年代，王永庆就有意识做顾客关系管理，用数据来辅助，可谓非常有商业头脑。

　　后来，他谈到开米店的经历时，感慨地说："虽然当时谈不上什么管理知识，但是为了服务好顾客，做好生意，就有必要了解顾客的需求。没有想到，满足顾客需求的这一点小小的构想，竟能作为起步的基础，逐渐扩充演变成为事业管理的逻辑。"

　　真诚地和顾客交往是最好的营销方法之一。一些会做生意的老板，每次结算时会给顾客抹零或者额外送一点小东西。这些细节往往很能打动顾客，让顾客心甘情愿地继续在他那里消费。

　　获取一个新顾客的难度是维护好一个老顾客的几倍。因此，与其想着如何获取新顾客，不如想着如何提升老顾客的忠诚度，沉淀老顾客。沉淀老顾客最好的方式，就是对他们真诚。因此，建议门店经营者回归真诚服务，真心地对待每一个顾客。

　　除了真诚度，增强品牌的亲切度也是一种高效的营销策略。

　　很多时候，顾客对服务质量的认知高于对产品本身的认知。也就是说，

如果门店的服务态度很好，能够让顾客有亲切感，那么即便产品本身并没有那么吸引人，顾客也会愿意进店消费，甚至很有可能帮门店免费宣传，提高门店的影响力。

因此，门店经营者除了要对顾客真诚外，还要给顾客亲切感。

终极策略：长期、系统地培养消费者对品牌的认知

我一直以来都坚持一个观点，营销不是销售，更不是技巧和创意，而是一个长期的系统工程。品牌需要建立自己独特的标识。不少门店经营者都知道做品牌需要做 VI，比如 logo、海报、独特的包装设计等。其实，VI 只是 CI（corporate identity，企业形象识别）中的一项，CI 包含 VI、BI（behavior identity，行为识别）和 MI（mind identity，理念识别）。企业做 CI 的本质，就是为了长期、系统地培养消费者对品牌的认知。这也是企业的终极发展策略。

如何长期、系统地培养消费者对品牌的认知呢？以下几个元素非常重要：4P、4C、产品场景、定位、CI、渠道、模式、种子顾客、流量池、促销、洞察、创意等。至于这些元素具体是什么，我就不继续展开了，读者可以去网络上或者专业书籍里找一找资料，了解一下。我做的所有项目都是依靠着这些点来思考的。就像填空一样，一点一点补充，品牌就做起来了。

【冷启动案例】 ➜ 传统行业如何设计年轻化品牌

◎ 案例背景

有一家经营翡翠精品镶嵌（数量与原石大小相关）和高端定制（基本是一万元起步，一百万元封顶）的珠宝店。这家店在云南省以"俏皮妖精"品牌运营了近 8 年，线上线下的顾客累计达数千人。现在门店的

主要经营渠道是微信朋友圈加实体店，朋友圈针对个人消费者做个性定制，实体店针对企业消费者做翡翠原石销售，门店每个月的营业额在 30 万~100 万元。

这家店是由一对兄妹创立的。哥哥是 IT 架构师，优势是有互联网公司的人际关系、顾客群和线下资金募集渠道。妹妹是玉雕师，优势是能够对翡翠原石进行辨别、定价和设计。

为了吸引更多的流量，他们打算借助新媒体传授大众翡翠的识别和定价方法，帮助他们驱逐不良品和假冒品（给翡翠染色、注胶、上粉、打蜡等），并逐步将小众文玩发展为大众日常装饰。但是由于兄妹俩对新媒体运营都没有什么经验，所以他们不知道怎样才能利用新媒体宣传品牌，提升流量。

国内还没有一个真正面向年轻人的翡翠品牌，类似"潘多拉"这样的品牌。所以，这也是翡翠行业的机会。对于这家店，我的建议有以下 3 点。

第一，建立新时代的品牌，可以用英文取名。

第二，虽然销售的是翡翠，但是拼的是外形设计。所以，不能只销售纯翡翠产品，要结合珍珠、水晶等元素设计产品。这样既好看，又可以提高产品的价格。

第三，打造 IP，输出个人的价值观。

翡翠的开采量在下跌，优质的翡翠越来越少，所以，未来翡翠的收藏属性会越来越强，消费品属性会越来越弱。因此，从长远角度考虑，要定义一个更有质感、时尚感的品牌标签。

为了求稳，可以考虑品牌分离，即老品牌不变，然后创造一个新的品牌，这样有助于把握更多的市场机会。

【冷启动案例】 ➤ 技术行业如何打造个人IP

◎ 案例背景

有一个做花艺培训的机构，主营花店开店培训。该店主要的招生渠道在线上，如微博、大众点评、小红书、百度、58同城等。此外，还有几个同城的花店在代理招生，但是效果并不好。该培训机构只有一个实体店，所以很多想参加体验课或者兴趣课的人因为不方便而放弃了。

这家机构每个月会开一次花艺专业班培训，为期10天左右，人最多时有12人同时上课。此外，机构还会不定期开花艺摄影培训（2天）。该机构会把每次的课程录制下来，发到网络上，但是引流效果也不理想。

对于这家花艺培训机构，我的建议是要么打造高端品牌，要么打造亲民品牌。

1. 打造高端品牌

很多人上花艺培训班学习其实并不是为了学习，而是为了拓展人际关系，花艺只是一个载体。

例如，我有一个朋友专门去学做和果子。那家教和果子做法的培训机构请的是专业的匠人教学，费用很高，大概要几万元。去那里参加培训的基本上都是经济条件好又有空闲时间的女性。

参考和果子培训机构的做法，如果这家花艺培训机构要打造高端品牌，就要自己打造IP，或者借力打造IP。例如，找到本地的知名女性当合伙人，这样就可以营造出一种高端的场景，吸引更多的知名女性。接下来，再建立自己的社群，发挥社群的力量，吸引更多的流量。

2. 打造亲民品牌

花艺对于普通人来说并不是刚需，他们大多只是将花艺照片发到朋友圈，展示自己的生活。所以，如果要打造亲民品牌，这家花艺培训机构则可以举办一些类似于"亲子花艺"的活动。例如，周末只要花几十元或者一两百元就可以带自己的孩子来店里一起体验花艺等。这种体验活动可以吸引一些流量。

【冷启动案例】 ━ 做农村电商，打造IP同样重要

◎ 案例背景

好几年前，我去了四川省一个小镇。到了那里后，我发现一件让我很惊喜的事情：当地有很多农民朋友已经用微信和城里的顾客建立了联系。

我当时借宿的那家农家乐的老板王叔就通过微信朋友圈宣传产品，还通过在其他平台直播等方式，在车厘子还没有上市的时候，就预售了10多万元的车厘子。

一般情况下，农村电商很难做自己的品牌，因为农产品都是地缘性的品牌，例如龙泉山的桃子、汉源的花椒等。这些品牌没有竞争壁垒，谁都可以用这个名字，谁都可以找到货源。

那么，在无法通过品牌建立信任的情况下，农村电商应该如何做呢？

农产品很难通过品牌建立信任，那就只能通过人来建立信任。所以，做农村电商卖农产品不如"卖个人IP"，就像那个小镇的农民一样，打造自己的个人IP。

你认识几个在山里种车厘子的农民，每年车厘子上市的时候，你能够通过电话让他们给你邮寄车厘子，将是非常便捷的事。

我的妻子就是这样。有一年，我们特地开车去一个偏远的乡下摘樱桃。临走时，我们添加了老板的微信。后来，每到樱桃上市的季节，我的妻子就会联系老板寄樱桃，然后直接在微信上给他转账。她很喜欢这样的购物方式，

既方便又能买到自己心仪的好物。

由这件事我想到，如果一个农产品销售平台，销售的不是农产品，而是"农民们的联系方式"，那将是一件非常有创意的事情。农民们可以在平台上定期发"种植日记"或"饲养视频"，然后留下联系方式。消费者可以直接与农民联系，购买自己需要的产品。

这对农村电商来说，是一种非常新的发展思路，可以让消费者对农产品更加信任。在信任的基础上，自然能够为商家引流。

【冷启动案例】 ← 线下门店如何做品牌设计和广告

◎ 案例背景

谭师傅是一个开蛋糕烘焙店的老板，他在乡镇上从零起步开店，经过 10 多年，一路开到大城市，现在自营了 10 多家店，年销售额几千万元。谭师傅说自己不是特别懂互联网，所以只能老老实实地做线下生意，做好线下的品牌设计和宣传。

谭师傅的线下品牌设计和宣传做得非常好，他的成功经验主要有 3 点。

1. 了解广告的作用

我们要想把广告做好，首先就必须知道广告的作用是什么。广告的作用就是告诉别人"你是做什么的""你做的产品的独特点是什么""你做的产品或者你的品牌跟别人有哪些不一样的地方"等。这些问题的答案一定要提前想好。如果没有想好答案就着急做广告，那么效果就会不理想。

谭师傅最初认为广告一定是很高雅的东西，这一点主要体现在谭师傅门店最初设计的店招上。

谭师傅第一家新店的店招

  2015 年，谭师傅的第一家新店开业，店招上的英文几乎占了 2/3，而店名"大方圆"只占了一点点面积，不仔细看可能会忽略。经营了一段时间后，谭师傅发现，自己花了几十万元找人做的店招一点效果都没有。经过这件事，谭师傅对品牌设计和广告有了新的认知。

  2015 年下半年，谭师傅的店从镇上开到了县城，名字也换了，从"大方圆"换成了"米兰米苏"。店招上写的是"米兰米苏时尚烘焙"，店铺的装修风格也变得更加时尚。但是，可能是因为位置没有选好或者是第一次进城不适应，这家店没开多久就倒闭了。但是，谭师傅并没有气馁，还在继续想办法扭转局面。

谭师傅第二家店的设计图

  谭师傅在培训班学习的时候，偶然听到一个概念叫"视觉锤"。这时候，他才恍然大悟，没有品牌意识才是自己的店经营不好的关键原因。

03

有了这样的意识后，谭师傅又找了一个新的位置，开了他的第三家店。这次的经营思路完全是按照品牌意识来执行的。

谭师傅第三家店的店招

从第三家店的店招上我们可以看到，"米兰米苏"的大 logo 后面有"面包"二字，自家产品的品类终于在店招上体现出来了。这个店招上面还蕴含了谭师傅的一些个人想法。他想让自己的品牌变得更加高端、大气，所以店招一分为二，左边是英文，右边是中文"米兰米苏面包"。

在经营的过程中，谭师傅一直在总结、反思。后来他终于想明白了，打消了让品牌更加高端、大气的想法、思路，又开了第四家新店。

谭师傅第四家店的店招

第四家店是一个转角型的门店，店招还是一分为二，左边几个大字是"定蛋糕，去米兰米苏"，右边几个大字是"米兰米苏蛋糕"，正面的玻璃上还有四个大字"生日蛋糕"。仅仅这一点改变，该门店的销量就产生了巨大的变化——生日蛋糕的日销量上涨了1/3，日营业额上升了1/3。

对实体店来说，店铺本身其实就是很好的广告位，因此，门店的店招上一定要体现出自家产品的品类和特点。

从视觉上看，"生日蛋糕"四个大字出现在玻璃上，绝对算不上美观，但是对提升销量却有很大的帮助。这四个大字会给路过门店的人留下深刻的印象——"这家店卖生日蛋糕"。以后他们需要买生日蛋糕的时候大概率首先就会想到这家店。

所以，门店店招设计的第一个要求应当是实现商业价值，第二个要求才是好看和差异化。

2. 把品牌当作一颗"钉子"

品牌其实就是一颗"钉子"。如何才能将品牌这颗"钉子""钉"到消费者的心中去呢？第一，"钉子"要足够"锋利"；第二，必须长期坚持。

"钉子"怎么样才能足够"锋利"呢？答案是用比较少见的颜色，最好集中使用一种颜色。例如，肯德基的大红色。消费者一想到肯德基，首先想到的就是大红色。这就是一颗"锋利"的"钉子"。谭师傅也用了这种方法。

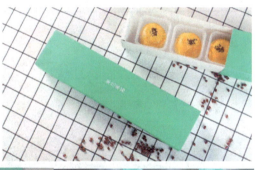

米兰米苏通过各种形式将品牌这颗"钉子""钉"到消费者的心中

谭师傅蛋糕店"钉子"的"锋利"在于使用了淡绿色，并且谭师傅把很多东西，如包装、导购的衣服等的主色调都换成了这种颜色。这样做就是为了把这个颜色植入消费者的心中，只要他们看到这个颜色，就能想起"米兰米苏蛋糕"。

3. 把门店的"自媒体"做好

在谭师傅看来，去媒体上投放广告没有错，但是在这之前，一定要先把门店的"自媒体"做好。

很多人认为自媒体是微信、微博、抖音等平台，实际上对实体店来说，店招、产品包装、员工身上的衣服更是引流效果好的媒介。

所以，门店经营者在其他平台上投放广告之前，一定要先想想是否已经充分利用了门店的"自媒体"，做好了广告宣传。谭师傅蛋糕店的面包车，整个车身都刷成了统一的淡绿色，而且车身上还印满了广告语和图片，车开到哪里，广告就做到哪里。

面包车也成了米兰米苏的"自媒体"

实体门店不要总想着要做一些大型的、复杂的营销活动，很多时候把现有资源、平台利用好，把实体门店的细节做到位，也可以做好营销。

【冷启动案例】 ▶ **如何通过做一些"小动作"来打造品牌**

◎ **案例背景**

有一个非常有名的冰激凌品牌叫"DQ"，中文名为"冰雪皇后"。DQ的主打产品是杯装的冰激凌。在DQ门店买冰激凌你会发现一件有趣的事情，那就是服务员将你点好的冰激凌递给你的时候会把杯子倒过来给你看，还会说一句"倒杯不洒"。

DQ的服务员在展示"倒杯不洒"

"倒杯不洒"这个小动作其实就是非常有效的一种营销行为。它向消费者传递的信息是：我们家冰激凌的品质非常好，就算杯子倒过来冰激凌也不会流出来。这个信息会在消费者的大脑中建立一个区分冰激凌好坏的标准：好冰激凌是倒不出来的。而DQ在这方面做得很好。

这就叫品牌的行为识别。

无论你做的是实体经济还是虚拟经济，都可以想方设法在行为识别上建立自己的品牌差异化，哪怕只是一个小小的动作。

【冷启动案例】 如何不损伤品牌地做打折活动

◎ 案例背景

我以前一直看某视频App的免费视频，虽然视频中有广告，但我还是能接受，毕竟不想花钱。然而，有一次我看到这款App做活动，会员费打5折，我便毫不犹豫地买了一年。

我当时想，平时每天上下班打车差不多要花100多元，但是从来没

有觉得很贵。可为什么一年的视频 App 会员费用要 100 多元，我却觉得很贵？我后来经过思考，当人们对一个产品的需求不强烈时，就会觉得这个产品的价格贵。所以，对于这样的产品采取折扣促销的方式就比较有效。

折扣促销在短期内促销效果显著，但由于它容易使产品折价，所以只能作为一种辅助性促销策略使用，而且要有技巧地用，不能经常用。如果没有技巧地经常用，那么只会吸引价格敏感型消费者，流失价值认可型消费者。长此以往，就会形成恶性循环。

那么，门店在采取折扣促销策略时，应当掌握哪些技巧才能不损伤品牌呢？

1. 给消费者设置一些打折障碍

我们常见的朋友圈集赞就是有打折降价的促销策略。这种折扣方式是有门槛的。消费者通过集赞获得折扣，对品牌来说也不会有伤害。

2. 给消费者一个打折的理由

如果毫无理由地给消费者打折，那么消费者可能会认为你提供的产品本身就廉价，这会损害品牌的价值。所以，如果要采取折扣促销的方式，就必须给消费者一个打折的理由。这个理由不能简单地用"新产品上市"，因为消费者对这样的理由已经疲倦了。

3. 充满新意的动态折扣策略

我曾看到过"餐厅开张，饭钱随意给"的促销方式。

这种折扣方式其实就是动态折扣策略。但是这种方式会一定程度上损害品牌的价值，因为它吸引来的大部分都是一些吃"霸王餐"的顾客，而他们并不是餐厅的目标顾客。所以，动态折扣也要讲究技巧。

深圳随意就餐活动-餐厅开张 饭钱随意给 20121003 今日一线..._...

【视频】时长: 2分钟
视频:深圳随意就餐活动-餐厅开张饭钱随意给20121003今日一线
━ ▾ - 百度快照

奇怪餐馆:饭钱凭心情随意给是哪里?餐费随意给什么餐馆?具体位置大...
2015年7月27日 - 奇怪餐馆:饭钱凭心情随意给是哪里?餐费随意给什么餐━━━..据
报道,7月25日,北部新区汽博中心北大附中旁一家中餐馆开业了。与其他餐馆...
━━━ ▾ - V1 - 百度快照 - 95条评价

奇怪餐馆:饭钱凭心情随意给 网友:可以吃霸王餐了(图)_武进新闻网
2015年7月27日 - 与其他餐馆张灯结彩、敲锣打鼓的开业不同,近两天,来该餐馆用餐的顾客,竟
可以视自己的心情,随意给付餐费。这样的 ━ 促销,吸引了不少顾客前来消费。...
━━━ ▾ - 百度快照 - 154条评价

赔本赚吆喝:餐馆促销饭钱多少看心情给-中国学网-中国IT综合门户...

2016年7月19日 - 赔本赚吆喝:餐馆促销饭钱多少看心情给,【导语】:
前天,北部新区星光大道土星大厦一家中餐厅开业了,与其他餐厅张灯
结彩、敲锣打鼓的开业不同,在该店...
━━━ ▾ - 百度快照 - 287条评价

餐馆充满新意的动态折扣策略

摇滚乐队电台司令（Radiohead）曾推出一张专辑——《彩虹里》。这张专辑不再采用传统的方式定价，人们可以以任意价格进行下载。活动结束的时候，有 180 万人下载，其中 60% 没有付款。然而在 40% 的下载者中，甚至有人愿意支付 100 美元。这样一算，这张专辑的平均定价为 2.26 美元，比传统定价模式获利更多。

　　《彩虹里》专辑定价的方式也属于动态折扣促销，但有局限性。从本质上说，这种方式不适合餐厅借鉴。这种方式适合的条件是产品边际成本低、有粉丝基础、竞争激烈的市场环境。

　　此外，动态折扣促销还有一个升级的做法。美国有一家公司让消费者自己报愿意出的机票价格，然后由航空公司接单。如果消费者给出的价格太低，没有人接单，就无法坐飞机，所以一般消费者都会给出一个比较合理的价

格。这家公司在 1999 年成功上市，市值高达 240 亿美元。

4."差别折扣"策略

"差别折扣"策略其实就是针对不同的人给予不同的折扣，比较常见在有会员卡、会员制的消费场所。

> 特易购是全球三大零售企业之一，它运用大数据实施"差别折扣"策略。它可以通过你的购物清单判断你家目前是否有小宝宝。如果有，那么在结账的时候收银员会自动给你一张婴儿奶粉的优惠券。

特易购的这种策略就等于给了不同的人不同的折扣优惠，因为针对性比较强，也能促使消费者再次回来购物。

5.概率折扣策略

心理学家做过一个实验：一个自动售货机上的 10 元零食本来打 7 折销售，后来变成概率折扣——消费者购买时有 70% 的可能性是原价购买，30% 的可能性是退回全款。也就是说，消费者有 30% 免费获得零食的可能性。实验结果是自动售货机的销量增加了 3 倍。

这就是概率折扣策略。心理学和行为学上有一个著名的前景理论，关于人们面对风险和收益的决策问题，当面对远小于购买力的收益时，人们倾向于增加风险。这也就是概率折扣策略会吸引消费者的原因。

6.心理账户折扣策略

我们先来做一个小实验。

第一种情境：你某天不小心剐蹭了自己的车，修车花了 1 000 元，心情不好。回到办公室，你发现自己抽奖中了 200 元。

第二种情境：你某天不小心剐蹭了自己的车，修车花了 800 元。

这两种情境下，支出都是 800 元。你觉得哪种情境下你的心情会更好？

我想大多数人会认为是第一种，实验结果也是如此。

为什么呢？因为我们往往会为收益和损失设置不同的心理账户。第一种情境下，虽然修车花了 1 000 元，但是抽奖中了 200 元，我们的心理账户会认定我们有收益。第二种情境，我们修车花了 800 元，心理账户会认定我们只有损失。

很多门店的满赠、满减策略就是用了这个原理。

例如，一件商品打 8 折，1 000 元的东西付出 800 元就能买到。心理感知不是很强烈的人，会认为 8 折也不过如此。但是，如果满 1 000 送 200 元代金券，大家就会感觉自己付出了 1 000 元，额外还获得了 200 元，心理上会觉得自己获得了收益，进而会产生更强烈一些的购买欲望。

7. 折扣表达的策略

我们经常听到门店的广告："3 999 元买电脑，免费送耳机、鼠标和一年上门维修。"明明 3 999 元就已经包含了耳机、鼠标的成本，可是门店却说是免费送的，为什么？

研究表明，人对损失和收益的感知并不是线性的，例如，你赚了 100 万元的快乐要达到双倍，可能得再赚 400 万元，而不是 200 万元。反之，你损失 1 000 元感受到的痛苦，可能要再损失 4 000 元才能感受到双倍。

所以，把所有的成本加到一起，给消费者一个总价，会让消费者感觉付出金钱没有那么痛苦。例如，一次性支出 3 999 元，而不是多次支出，为电脑支付 3 500 元，为耳机支付 200 元，再为上门维修支付 299 元等。同时，也可以防止消费者不要耳机、鼠标，要求电脑降价。同理，电商平台上包邮的商品几乎都比不包邮的商品卖得好。

折扣活动是一门艺术，没有标准。但是，作为商家，一定要给自己的折扣活动找一个合理的理由，千万不要将折扣活动做成和同行互相"伤害"的价格战。

品牌冷启动：从文化创新中找到商业切入点

市场冷启动：
如何获得第一批"种子"顾客

04

获得第一批种子顾客是门店从0到1的关键。门店要获得更多的种子顾客，就应当利用各种方式做好营销活动。

新店开业：大量做活动，建立人与人之间的信任

新店开业的第一步是通过大量活动建立人与人之间的信任，从而获得第一批"种子"顾客。

但是并不是活动做得越多消费者就会越信任你。要想获得消费者的信任，还应当掌握一些新店开业活动的技巧。

在宣传的时候，与消费者建立信任关系

有一家新开业的专门教小朋友做蛋糕、饼干、月饼等烘焙食品的店。该店老板不知道如何才能获得家长的信任，吸引他们来参加新店的开业活动。

我的建议是在宣传的时候就与消费者建立信任关系。

该店可以用简单的分发传单的方式宣传新店开业活动，例如，分发免费教小朋友做蛋糕的传单。但是，不要用太商业化的文案，这样的传单很难让消费者信任，甚至可能被直接扔到垃圾箱里。因此，我建议该店的传单可以设计成门票的形式。这种形式相对而言比较正式，能够让家长对门店产生信任。当家长信任门店了，他们自然愿意来参加活动。

建立自己的社群，并跟消费者积极沟通

为了进一步建立人与人之间的信任，门店经营者应当通过活动建立自己的社群。建立社群之后，就可以和消费者实时进行线上沟通了。消费者越来越了解你，自然会越来越信任你。

但是，很多老板在建立社群之后会遇到这样一个困扰：给消费者发微信得不到回复。这个问题其实很正常，因为消费者并不信任你。当一个人不信仟你的时候，他自然不愿意跟你聊天。那么，如何做才能突破这个困局呢？下面分享几个解决方法。

1. 红包开路

如果你确实不知道如何跟陌生人聊天，那么一个简单的方式就是用红包开路。红包不用太大，当然，如果你获客的预算高，红包也可以发大一点。

这里要注意的是，发红包的时候可以在红包上备注自己的意图，例如，"需要技术外包开发找我"。发红包只是一个引子，发完红包以后，还要紧接着说正事。例如，"你好，我是你们公司楼下技术外包公司的老板。我有一个×××技术交流群，里面每天都有各种活动，想邀请你进来，可以吗？"

用红包开路

一般大家收到红包的时候都会非常开心，趁着他们开心的时候切入正题，成功率会高很多。得了一个红包，大家会适当回复。这样你们自然就能顺利打开话题。也有不少人不敢随意点开他人发的红包，不过这只是个概率问题。如果对方不领红包，钱就会自动退回，对你来说也没有任何损失。

2. 提问开路

提问是最好的打开话题的方式之一。面对他人的提问，很多时候人的第一直觉都是做出回答，进入提问者的思维模式。甚至有的时候我们知道答案却不回答、不回复，还会感到心里不舒服。

有一位老板就是通过提问的方式打开话题推广她的 App 的。

推广者：请问你用的是安卓系统的手机还是 iOS 系统的手机？

消费者：iOS。

推广者：你经常用淘宝吗？

消费者：还行。

推广者：我也超级喜欢用淘宝，你愿不愿意用淘宝购买一款产品时，可以以比平时更划算的价格购入？

消费者：什么意思？

推广者：××App，你在应用市场里搜索就可以下载了，我给你一个注册码。

消费者：……

　　你还可以先去看看他 / 她的朋友圈，收集一些和他 / 她相关的信息，然后聊一些他 / 她感兴趣的话题。例如，你看到他 / 她的朋友圈有一只猫的照片，那么你可以这样提问："看了你的朋友圈，原来你也养猫。你一般买哪个牌子的猫粮？我妈最近刚好收养了一只猫，我想给它带点吃的。"如果你看到他 / 她的朋友圈里有健身的照片，你可以这样提问："看到你的朋友圈分享的图，你都有马甲线了，太厉害了。你是多久练成的？我的腹肌还是半成品。"

　　用提问打开话题的方式不仅可以用在微信聊天中，也适合用于面对面聊天。例如，你想让一个超市的老板变成你的代理商，帮你销售产品，你可以问："老板，请问哪里有厕所？""老板，请问有没有 ×× 卖？"等你上完厕所或者等老板说没有这个产品的时候，你就可以接着推广你的产品了。例如，"我是 ×× 公司的区域经理，现在公司有补贴，这个产品可以放到你的收银台上销售，售出一个你可以赚 20 元，也不用你进货……"

　　总而言之，提问确实是打开话题的一种简单、易行的方式。

3. 做到"自来熟"

给消费者营造一种朋友间的亲切感。例如，"谢谢你那么忙还关注我，从此你就是我的朋友啦，不准离开。"像这样的话，就会给消费者带来一种朋友间的亲切感，同时也可以打破不知说什么的尴尬局面。

如果对方回复你了，那就可以开启第二步。如果对方没有回复你，你可以等一等，不要急功近利地把对方删了，因为对方很有可能在忙。

4. 更新观念，不回复不代表没有看

大部分人面对陌生人发的微信，都会打开看。如果内容太长，他们可能不一定会细看，但大多会打开看。所以，我们应当更新观念，对方不回复不代表没有看，只要他看了就有宣传效果。

既然大部分人都会看，那么即便我们是群发消息，也应当清楚地表达自己想表达的内容，切忌公式化、程序化。例如，切忌用"您好"二字，表面上是尊敬，其实是疏远，因为你跟你的好朋友，甚至跟大部分人说话绝对不会说"您好"。一般人在看到"您好"二字打头，又有大量文字、链接，还有非常多的表情符号的内容时，都不会细看。

5. 微信头像和微信名也特别关键

切忌用公司的 logo 作头像、用公司的名字做微信名，这样就算发给对方的是消息，对方也会觉得是某个企业的微信公众号发过来的广告，点开率瞬间降低不少。所以，现在很多企业的微信公众号甚至都不用自己公司的 logo 而专门用真人照片作头像，例如"招商银行信用卡"早期的微信公众号头像就是一张真人照片。

微信生态是人的生态，少有人愿意和一家公司聊天。所以微信头像和微信名一定要有"人味儿"才行。

门店开业活动的核心不是让顾客购买商品，而是为了建立信任关系，为以后的销售做好铺垫，为获得第一批种子顾客做好铺垫。

招商银行信用卡的公众号早期的头像是真人照片

开业活动的思考逻辑

开业活动如何做才能获得更多的种子顾客，这是很多门店经营者做开业活动时都会思考的问题。其实这个问题并不难，只要掌握开业活动的思考逻辑即可。

明确做活动的意义

在举行开业活动之前，门店经营者必须明确做这次活动的意义是什么。其实，开业活动当天的营业额、利润并不重要，重要的是活动现场是否热闹，活动是否能够沉淀更多的顾客。因此，开业活动的重点是如何营造热闹的气氛，成功实现流量沉淀。

> 有一家餐饮店，主要经营冒菜。店里每个月的营业额在3 000元～6 000元，消费群体主要是大学生和周边上班的白领。为了扩大店铺的影响力，老板对店铺进行了装修升级，并准备举办一次3周年店庆活动。

无论是举办开业活动还是老店铺装修升级活动，思考逻辑都是一样的。因此，这家餐饮店首先要明确做活动的意义是营造热闹的气氛，沉淀更多的流量。对此，我有以下建议。

门店经营者可以做一些小牌子，类似于钥匙扣。这样的小牌子款式非常多，可以去网络平台上定制。因为这家店主打冒菜，所以我建议定制一个带有"冒"字的钥匙扣。这个钥匙扣就相当于门店的会员卡。但是，不要轻易让顾客得到这个钥匙扣，因为这样就失去了乐趣。门店经营者可以制定一个规则，例如，顾客在开业活动期间消费了多少金额或消费指定菜品就可以获得这样的一个钥匙扣。为了进一步吸引流量，促进消费，还可以制定这样的规则：持有这个钥匙扣的顾客，以后只要进店消费都可以免费领取一杯饮料或冰粉。这样可以给会员带来价值感，更利于流量沉淀。

此外，要学会趁热打铁建立微信群。建立微信群之后，最好将这些顾客往自己的私人微信号上引流。这样可以进一步提高顾客的黏性，更利于流量沉淀。

为开业活动拟一个有吸引力的标题

明确了开业活动的意义后，下一步就要为开业活动拟一个有吸引力的标题。以上述案例为例，可以这样拟标题：主标题为"×××3周年庆"，副标题为"不是每一家店的寿命都可以超过3年"。这种标题更能吸引新时代的年轻人。

为开业活动拟标题时，要结合顾客的喜好，拟一个有趣、有吸引力的标题。这样才能吸引更多的顾客来参加活动。

一旦掌握了思考逻辑，我们就能朝着正确的方向做正确的事，进而达成做活动的目的。

节日活动：差异化，更能让人印象深刻

做节日活动是吸引流量的一种有效方式，很多门店在节假日都会举办活动。但有些门店节假日的生意并不好，所以，不一定每一个节日都要跟着市场的节奏走。

节日只是一个做活动的理由，事实上，是不是节日其实并不重要，重要的是你做的活动是不是更有创意、更具差异化点、更能让人印象深刻。有这些特点的活动才能吸引顾客，沉淀流量。

那么，如何策划一个有差异化点、能让人印象深刻的节日活动呢？

在传统的小众节日做有创意的活动

绝大多数门店会在传统的节日做活动，如端午节、中秋节，但是这些活动大同小异，很难让顾客留下深刻印象。实际上，除了端午节、中秋节这些节日外，还有一些比较有特点的传统的小众节日，如二十四节气。在这样的小众节日做一些有创意的活动，也许会取得意想不到的效果。

> 2017年，在大暑这一天，很多年轻人在微博和朋友圈分享自己在麦当劳吃薯条过大暑的照片。
>
> 这已经是麦当劳第3年与顾客一起庆祝大暑节气。在7月22日至7月25，每日下午2～6点，顾客们来到麦当劳购买"大薯"，就可以免费续"大薯"两包。在大暑节气期间在麦当劳吃薯条，听起来似乎是一件很和谐的事，主要是因为两者的谐音是一样的。
>
> 活动开始后，微博上的"大暑免费续大薯"话题的阅读量超过3 000多万人次，赢取"薯条懒人沙发"的微博转发数超过了3万次，官方微信的阅读数也创下了历史新高，仅是文章分享数就接近30万次。

这其实就是麦当劳结合传统的小众节日策划出来的一个活动。从活动结果来看，流量转化率也很高。

自己创造节日做活动

很多人会问：不一定每个节日都跟着市场的节奏走，那应该跟谁走？怎么做活动？答案很简单，跟自己走，自己创造节日做活动。

> 麦当劳创造了一个节日——3月14日的"派DAY"。这个"派"和圆周率"π"的读音一样，同时很容易让人联想到麦当劳的香蕉派、苹果派。很多人都会背3.141 592 6这个数字，对这个数字印象深刻。所以，麦当劳很聪明地将3月14日作为一个节日。在这一天，麦当劳会用自己的经典小食派来庆祝。

麦当劳通过打造一个属于自己的节日，将顾客聚在一起，再用年轻人喜欢的方式和顾客沟通，因此形成了一种独特的品牌记忆点——3月14日要去麦当劳吃派。这样不但能做到错峰营销，还可以实现淡季营销。

说到创造节日，天猫的"双十一"就是一个非常成功的例子。有人粗略地估算了一下，电商平台一年差不多创造了40个节日。

虽然自己创造节日这件事是电商热衷的营销策略，但其实线下实体店更要学会自己创造节日做活动。因为门店需要的是人流量，但是消费者的消费时间比较局限，一般都集中在周末和节假日。怎样在有限的时间里，突破相邻门店以及对手的竞争来吸引消费者的注意，刺激他们消费？过节就是一个非常好的理由。但是传统的节日已经很难满足实体店的销售需求，所以，经营者可以尝试创造一个节日，给消费者一个消费的理由。

很多门店经营者会说，他们也创造过节日，例如周年庆、重装开业、换季上新等,但是消费者对这些节日似乎并不感兴趣。其实,主要是因为这些说法太老套,消费者见多了,也就不觉得有新意了,甚至还会怀疑,你可能一年 365 天都在做这样的活动。

所以,即使找个理由做活动,我们也必须找一些有新意的理由。

根据特定的人群,挖掘有趣的活动点

节日一般对应特定的人群,因此,我们可以从这些特定的人群画像里挖掘有趣的活动点。

有一位老板在情人节做了一场有趣的活动——情人节模拟结婚。很多时候,男女之间的感情需要外力来"推波助澜",情人节就是一个利用外力的好时机。这位老板在他的店门口放了一个拍摄结婚照的相框,相框上写着"情人节,祝福我们吧"。拍完照片之后,他还会给情侣送两本模拟的结婚证。

情人节模拟结婚的营销活动

很多情侣都愿意到店里来尝试。这个活动还可以玩出更多的花样。例如，在未来的一年时间里，只要结婚照上的两个人同时出现在店里，凭模拟的结婚证可以享受一定折扣或获赠一些礼品等。模拟的结婚证相当于会员卡，最关键的是把情人节的活动时间扩展到了全年，等于锁定了消费者一年的时间。这样的活动就比单纯的过节打折更有营销效果。

实际上，消费者更看重的不是门店哪一天做活动，而是活动的创意。有创意的活动才能吸引他们。所以，门店并不一定要在大型节假日跟风做活动，而是要学会创造一些有趣的活动。

做好营销活动的小细节，加深消费者的认知

细节决定成败。做好营销活动的小细节，不仅能打动消费者，还能加深消费者的认知，起到传递品牌价值的作用。

如何才能做好营销活动的小细节呢？我们来看看以下这些门店是如何做的。

称重时的"小心机"

某瓜子品牌创立于 1985 年，创始人曾被称为"中国第一商贩"。

一般情况下，我们去炒货店买瓜子，老板都会先抓一大把瓜子放到秤上，然后超出重量了再一点一点地抓出来。这样做给消费者的感觉是，老板很小气，一点都不舍得多给。下次消费者可能就不愿意再到这家店来买东西。

但是，该瓜子品牌的老板反其道而行之。他会先抓一小把瓜子到秤上，重量不够，再一点一点地往秤上添。对于那个物资匮乏年代的人们来说，这种做法非常打动他们。他们认为老板非常善良，下次也愿意继续来买他的瓜子。

除了称重时的"小心机"外，该瓜子品牌还重视两个很打动消费者的营销细节——允许消费者先尝后买，允许消费者赊账。此外，消费者买水果老板会多给一个，买瓜子还会顺手多给一把。其实，一个果子、一把瓜子价值并不高，但是能够打动消费者，加深消费者对这家店的认知，进而能够吸引更多的回头客。

虽然这些方法看上去有些老土，但是在很多情况下都非常有用，因为人性很难改变。

先把赠品递到消费者的手里

> 有一年三八妇女节，我跟我妻子在她的老家逛街。当时看到大街上有很多人抱着毛绒玩具发传单。这种抱着毛绒玩具发传单的造型很吸引路人，特别是那些喜欢凑热闹的人，很多人会过去了解一下，是不是可以免费领一个毛绒玩具。过去一看，我们才知道原来是一个美容院在做活动。我妻子是一个非常勤俭的人，平时很少乱买东西，但是这一次，她竟然忍不住消费了。

这家美容院的活动是这样设计的，消费者只需花48元购买一张优惠券，就可以凭券免费享受脸部清洁一次、脸部按摩一次，并且可以立即在现场获得一个大的毛绒玩具。现场立即赠予消费者一个大的毛绒玩具，这种及时奖励很吸引人，会让消费者产生消费的冲动，而且48元的价格本身就不贵。当时我看到大街上很多女孩都抱着这个毛绒玩具，可见这个活动的转化效果非常好。

很多人说，现在做地推发传单的效果很差，事实是如果细节做得好，效果可以很好。我们要做的不是强行推荐自己的品牌，而是先把可视化的奖品递到消费者的手里，这样做可以极大地提升活动的转化效果。

1994 年，我当时读小学 4 年级，一天，一个大学生模样的陌生人敲开了我家的门，向我推销产品。后来我才知道他做的是直销。那个推销员一看见我就往我手里塞了一个按摩器——这正是他要推销的产品，但他是这么说的："小弟弟，这是送给你的。"就是因为这句话，我没有立马关上门。之后，他才说必须花钱成为他们的会员才可以免费获得这个按摩器。我足足花了 10 多分钟听他介绍产品，后来，因为我确实身无分文，这位推销员才放弃继续推销。但是，直到他走的那一刻，才把我手中的按摩器拿走。

所以，不管是真送礼还是假送礼，一定要在第一时间把有价值感的商品或赠品递到消费者的手里或者让消费者看到。这跟传单上写的文字给消费者的感觉是完全不一样的，就像很多人见面的时候喜欢提着伴手礼。大家通常会在谈事情之前将伴手礼递给对方，这样更有助于顺利地谈事情。

总之，在做营销活动送赠品的时候，一定要让赠品的价值显性化。

送成本低的赠品

如果你是开自助餐厅的，怎么让消费者吃得少又满意呢？答案是吃自助餐的时候发优惠券。

之前有人做了一个实验，在自助餐厅里发优惠券，这些优惠券可以是异业合作的优惠券，也可以是下一次消费时使用的优惠券。结果是拿到优惠券的人比没有拿到优惠券的人吃得少很多。

为什么会这样？因为吃自助餐时消费者的心理是要把花出去的钱吃回来，如果领了优惠券，消费者会觉得稍微少吃一点也可以，下次可以继续吃。这样的小细节也可以打动消费者，加深消费者对餐厅的认知。

所以，如果你做的是自助餐这种"封顶式"的生意，或者是健身房这种会员制的生意，可以在营销的时候多发放一些优惠券。例如，健身房可以在消费者办卡以后送一些附带健身视频的优盘，或者送一些免费邀请朋友来健身的体验券。

我们可以发现，以上几种活动中的小细节并不需要花费很多时间或成本，却能够取得很好的效果。因为这些小细节打动了消费者，加深了他们对品牌的认知。品牌认知越深刻，顾客黏性就越高，门店的流量自然也越大。所以，门店经营者在做活动的时候，要在细节上多下一点功夫，这样做营销才会事半功倍。

做活动最关键的是活动后的传播

一个完整的活动实施分为活动前、活动中、活动后3个环节。

活动前要宣传造势，活动中要注意细节执行，活动后要传播。但是，活动后的传播往往是很多门店经营者容易忽略的事情，他们认为活动本身才是关键。实际上，活动本身有时候并不是关键，关键是活动后线上线下的传播。因为只有把活动传播出去了，才能为门店带来更多的流量。这才是做活动的根本目的。

> 有一位拳击手，他在全世界范围内获得过各种综合格斗的冠军。有一次他跟我说，他办了一个格斗俱乐部，想进一步扩大俱乐部的规模。但是，他不知道如何才能引流。
>
> 据我了解，他的俱乐部的综合项目都非常专业，这样目标受众就很窄。对大多数人来说，格斗不是为了比赛，而是为了健身或防身。

所以，要想扩大格斗俱乐部的市场，首先要重新定义产品。也就是说，不能再按照常规的专业维度来划分产品，例如，不能将产品划分为格斗、跆拳道、拳击，而是要找一个更广的目标顾客群体，为他们创造需求。

哪些人群需要学习格斗？有一个答案比较明确——喜欢去冒险的人。因此，我建议他在原有品牌的基础上，分离一个新的品牌出来。这个新品牌可以做成格斗速成班，项目内容可以是封闭式训练一个星期或一个月即可学会的基本自我保护技能。为了吸引更多的流量，还可以为这个项目取一个类似格斗术的名字。这样就可以直接跳出跆拳道这样的传统品类，做成一个具有特色和吸引力的新品牌。

下一步是最关键的——做活动并传播。俱乐部可以跟社群的负责人、意见领袖等沟通合作，形成速成格斗术的代理关系，并且可以免费送给他们一次体验机会。然后，借助他们把体验的视频传播出去。这样一来，这个项目很快就会在圈层传播开，流量自然就来了。

如何做好活动之后的传播呢？

首先，在做活动的时候就要沉淀出可以用于传播的素材。例如，做活动当天，安排相关人员拍一些现场的照片和视频。

一些做得非常好的电商公司在"双十一"购物狂欢节时，都会拍各种活动的细节。例如，"双十一"晚上 12 点刚过，公司客服部门的员工会把旺旺声音调到最大音量，让整个客服部门里只听得见"叮叮叮"的声音。这样一个场景录下来发到网上，传播会非常快。堆得比人还高的快递订单、堆满仓库的未发出的大量商品等也会被拍下来作为素材用于活动后的传播，这能让

消费者产生这样的想法："卖得这么好，我是不是也应该买一点？"只要消费者产生了这种想法，活动传播就是有效的。

堆积成山的订单和商品可以用来做活动后的传播素材

实体店虽然没有旺旺的提示音，没有堆积成山的订单和商品，但是有别的素材。例如，线下活动时人山人海的画面，或者线下分享会现场的视频等，这些都可以收录用作传播。

做活动是为了获得种子顾客，真正能够帮助门店吸引更多流量的是活动后的传播。所以，门店经营者在做活动的时候，不要只关注活动本身，还要具备收集素材的意识，要用心思考如何做好线上线下传播，最终最大化活动效果。

嗅觉营销：隐藏在购物背后的"气味"的秘密

我上大学时，认识一位女生，她给我留下了非常深刻的印象。因为每次跟她见面的时候，她都会喷一种味道比较特别的香水，有点像六神花露水的味道。毕业很多年后，我只要闻到六神花露水的味道，就会想起她，想起大学时代的点点滴滴。后来我就在想，如果能将气味和品牌记忆结合在一起，是不是能给顾客留下更深刻的印象，吸引更多的流量呢？

科学研究表明，人的鼻子可以记忆一万种味道，而且嗅觉记忆的准确度比视觉记忆的准确度高一倍。所以，气味是一个很好的营销武器。线下门店也可以采取这种方式营销、引流。

很多人可能认为这种方式行不通。其实，嗅觉营销是一个历史相当悠久、技巧相当成熟的营销方法，国内外有很多门店用这种方式营销。

很早之前，劳斯莱斯新车的内部总是有木头、皮革、亚麻等混合的气味，顾客会把这种气味当作新车的标志之一。

后来，生产技术的进步让泡沫和塑料取代了上述材料，劳斯莱斯独特的气味也随之消失。劳斯莱斯为此收到了很多顾客的抱怨，他们认为新系列不如上一代好。实际上，主要的区别就在于气味。

随后，劳斯莱斯便对气味进行分析，制造出了一种包含木头、皮革、涂料等800多种不同元素的"新车味"，让熟悉的味道又回来了。

劳斯莱斯的"新车味"是一个嗅觉营销的经典案例。

品牌营销专家马丁·林斯特龙（Martin Linstrom）在其著作《感官品牌》中列举了很多有关气味的实验，其中有一个实验是这样的。

把两双完全一样的运动鞋分别放在两个相同的房间：一个房间喷洒香水，另一个房间则不做任何变动。结果，所有去过两个房间的被访者中，有84%的人更喜欢有香味的房间中的运动鞋，对其的估价也高出10.33美元。

可见，气味不仅可以增强人们对品牌的记忆和联想，还可以直接提升产品的销量。所以，门店老板也要重视以气味为载体的嗅觉营销方式。

实体店的嗅觉营销

有一次，我和我妻子带着女儿去逛商场。一进商场门，一股蒜蓉扇贝的味道扑面而来。虽然当时有很多人在排队，但是依然没有打消我们想吃的念头。

我观察了一下，这家店的位置其实不是很好，但是生意非常好，店主直接把厨房放在了外面。这样一来，蒜蓉扇贝的味道很容易散发出去，吸引顾客寻味而来。

对于实体店来说，这种利用气味引流的方式非常有效。为什么这么说呢？你不妨回想一下自己是否有这样的经历，当闻到烧烤味、火锅味的时候，下决心去吃烧烤、火锅的可能性会大幅增加。我相信大部分人的答案是肯定的。所以，实体店不妨尝试利用气味做嗅觉营销。

线上店铺的嗅觉营销

嗅觉营销是不是只有实体店才能做？当然不是，线上店铺也可以。

如果产品不是吃的，那么完全可以在给产品打包的时候，在包装里喷一点跟自己的品牌特性相符的香水。这样消费者在打开包装的时候，就能闻到香味。这种香味会加深消费者对品牌的记忆。消费者再次闻到类似的香味，很可能就会想起你的产品并且会产生复购的欲望。

嗅觉营销虽然说已经有一定的历史，但是对于很多消费者来说，他们遇到的并不多。也就是说，嗅觉营销还算是一个比较新颖的营销方式，能够吸引消费者的注意力。所以，无论是经营实体门店还是线上店铺，都不妨尝试用嗅觉营销这种方式，或许可以取得让人意想不到的效果。

价格营销：6大定价策略助你抢占市场

价格也是营销的一个关键因素，对营销的效果有很大影响。

季节性折扣定价策略

季节性折扣定价策略是指门店将常年经营的季节性商品，在消费淡季以较低的价格销售给消费者。季节性商品是指需求受时间因素影响很大的商品，其特点就是随着时间的推移，需求曲线呈明显的抛物线分布。

对门店而言，采用这种定价策略具有两个优点。

第一，减少商品积压，降低经营风险。对于季节性商品，在销售淡季进行折价销售可以大大减轻门店的库存压力，减少商品损耗，避免商品贬值。

第二，可以鼓励消费者购买，提高商品销量，加速资金回笼与周转，减少资金占用和利息支出。

虽然季节性折扣定价策略有以上两个优点，但是很多门店经营者在实施季节性折扣定价策略时常遇到的困惑主要有以下3种。

第一，折扣起始时间不易把握，导致季节性折扣定价策略的效果大打折扣。一般情况下，在其他门店之前实施季节性折扣定价策略可以获得较好的效果。但是，这个时间并不好把握。

第二，折扣幅度不易确定。折扣幅度与折扣效果息息相关。以宁波的家乐福超市为例，其商品折扣幅度低于30%，对消费者几乎没有吸引力，只有当商品的折扣幅度达到40%～60%时，折扣效果才比较明显。当然，具体的折扣幅度取决于门店商品价格变化空间的大小及门店的综合实力和市场环境。但是这些因素都不好确定，所以折扣幅度也不易确定。

第三，实施季节性折扣定价策略要考虑成本。实施季节性折扣定价策略的基本原则是：一方面要保证消费者得到一定实惠，另一方面也要保证门店

有一定的利润空间。

门店在选择实施季节性折扣定价策略的时候，一定慎重考虑以上 3 个问题。

心理折扣定价策略

心理折扣定价策略是指门店针对消费者的心理特点，对商品进行大幅降价出售的策略。心理折扣定价策略既可以满足消费者的消费心理需求，又可以促进商品销售，因而对买卖双方都是有利的。

宁波的家乐福超市经常会采取这种策略，具体做法是：通过一定的信息渠道，以非常优惠的价格对外出售部分商品，让消费者认为很划算。但是，并不是所有商品都可以采取这种定价策略。采取这种策略所选择的商品主要是服装、鞋帽等一般商品，很少针对高档商品。因为对高档商品采取心理折扣定价策略有损其在消费者心目中的形象。

因此，门店在选择实施心理折扣定价策略的时候，一定要选择合适的商品。

批量折扣定价策略

批量折扣定价策略是依据消费者购买的商品数量或金额，按照一定的比例给予价格折扣，以鼓励消费者大量购买和消费的定价策略。在实际操作中，门店经常采用的批量折扣定价策略主要有累计数量折扣和一次性数量折扣两种方式。

累计数量折扣的典型例子是根据消费者购物积分点进行大赠送。其具体做法是：消费者在连锁店一次性消费满若干元便可以得到一个积分点，积累一定的积分点就可以获得奖品。积分点越多，所获得的奖品价值越高。

累计数量折扣的优点是增加交易次数，降低销售成本；缺点是若累计积分时间过长，易使消费者失去参与活动的兴趣。

一次性数量折扣，是指零售商为消费者一次性购买较多数量或较大金额商品所给予的价格折扣优惠。

一次性折扣的优点是带动门店人气，激发消费者的购物冲动，提升门店的销售业绩；缺点是只能在短期内提升门店的销售业绩，对正处在下坡路的门店并无治本的功效，而且无法提高消费者的忠诚度。

运用好批量折扣定价策略的关键在于设置好折扣标准和折扣比例，门店应根据自身经营目标、成本管理能力以及竞争对手策略和传统商业惯例等，合理运用批量折扣定价策略。

优惠卡折扣定价策略

优惠卡折扣定价策略是指门店通过某些方式向消费者发放优惠卡，当消费者持卡购物时，可以享受某些价格方面的折扣优惠。实施这一定价策略的目的是以适当的折扣优惠和良好的服务来培养长期性的消费者，开拓市场，从而增加门店的营业收入。

优惠卡折扣定价策略主要适用于中低档、大众化商品，不太适合高档商品。此外，它比较适合有固定客源和中等销售规模的门店。

一次性折扣定价策略

一次性折扣定价策略是指在一定时间内门店下调所有商品或服务的价格，以吸引消费者的注意力、激发消费者消费欲望的定价策略。该策略可以提升门店人气，带来短期经营业绩，但是对于提高消费者的忠诚度作用不明显。

一次性折扣定价策略适合经营大众商品的门店。对于新开张的门店而言，该策略的对外宣传效果显著。

采用一次性折扣定价策略的时间主要集中在店庆、节庆、季节性促销、商品展销等时期。随着消费者生活水平的提高，节假日往往成为消费者购物的高峰，门店如果能够抓住这些机遇，适时推出一次性折扣活动，就能取得很好的促销效果。但是，要注意的是，实施一次性折扣定价策略会面临一定的经营风险。如果其他竞争对手也采取相同策略，则该定价策略的实施效果会受到影响。此外，如果门店在平时采用这一定价策略，容易误导竞争对手，进而引发价格战，造成市场混乱。

折价券折扣定价策略

实施折价券折扣定价策略是门店经常采用的一种营销方式，折价券最早出现在美国。持有折价券的消费者在购物时，有权享受折价券上所列商品的折扣优惠。折价券折扣定价策略有助于提升消费者的购物热情、吸引更多消费者进店消费。

从国内外门店实施该定价策略的实际效果看，折价券折扣定价策略存在门店内部管理不严或者折价幅度太小、吸引强度不高、刺激消费者购物效果不显著等问题。所以，在实施这一定价策略时，门店必须加强内部管理，建立完善的监督机制。同时，在设计折价券及其使用规则时，一定要事先进行深入的市场调研，严格限定发行范围，认真观察实施效果，为下一步扩大发行范围奠定基础。

"段子营销"：做营销先当"段子手"

纵观那些会做营销的人，他们几乎都是"段子手"。所以，门店经营者要想做好营销，就要先当"段子手"。

如何当"段子手"呢？接下来分享几个实用的方法。

跳出朋友圈讲"段子"

我曾看到一家卖奶茶的实体店门口的展架上写着这样的话:"辛苦一天了,来一杯吧。放心,只要没人看见就是 0 热量。"

奶茶店用"段子"做营销

简单的几句话,不仅有趣,还直指消费者的内心。这样的营销文案很容易激发消费者的购买欲望。

这是比较简单的一种"段子"营销案例,宜家的灯泡使用说明书堪称升级版的"段子"营销案例。

> 换宜家的灯泡只需要 3 个步骤。
>
> 第一步,打开包装。
>
> 第二步,换上灯泡。
>
> 第三步,20 年后重复一遍。

这 3 句话很简短,把灯泡耐用的特性表现得淋漓尽致。我相信很多消费者看到这样的说明书肯定会觉得好玩,并且会发到朋友圈。

实际上，作为通用灯泡，一般人都知道怎么用，但宜家通过这样的说明书，促进了品牌宣传。

用"段子"做事件营销

"段子"可以出现在朋友圈、实体店展架上和产品使用说明书上，可以用这些载体做事件营销。

> 某外卖平台上有一个门店被顾客投诉了，因为顾客在外卖里发现了一根头发。一般门店面对这种情况会打电话给顾客道歉或者给顾客免单。但是，这家外卖门店并没有这样简单、低调地处理，而是高调处理了这个投诉，以"段子"的方式发到了外卖平台上，并且还因此登上了微博热搜榜。
>
> 这家店的老板在外卖平台上创建了很多新的菜品，菜品的名字就是他发的"段子"。前几道菜名连起来读就是一个完整的故事："前段时间有位客人反映，外卖出现头发。对此我们高度重视，终于找到了杜绝的办法，那就是没有头发。头发？什么头发？我怎么可能有头发。"

这位老板实在太有趣了，为了整改顾客反映的外卖有头发的问题，竟然把自己剃成了光头，并且还在外卖平台上创建了一个菜品系列叫"光头日记"。这个"光头日记"是用菜名和配图的方式写自己剃成光头以后的心理感受，例如"光头第二天，吹空调头凉身不凉""光头第三天，习惯性拿起洗发水，然而已经搓不起泡沫""光头第四天，敷面膜不用拨刘海了"，整个形式非常有趣。

商家用"段子"在外卖平台上做营销

这些有趣的"段子",让这件事登上微博热搜榜,成为热门事件。

这个时代是一个万物皆媒介的时代,可以写字的地方,可以发图片的地方,都是媒介。所以,我们不能仅仅盯着自媒体或朋友圈。但是要注意的是,无论利用什么媒介,都要以有趣的高质量的内容为基础。

有趣的表达方式才是"段子"营销成败的关键。我们可以先从自己的朋友圈开始,再扩展到实体店文案、说明书文案、菜谱文案等媒介上,或者用"段子"做事件营销。让自己变成一个有趣的人,让自己的品牌变成一个有趣的品牌,进而吸引更多的流量。

如果你觉得自己的想象力有限,想不出好的"段子",可以在网络上搜索"段子"或者笑话,然后结合自己的品牌和产品,将贴近的"段子"改成自己的"段子"。这种方法难度比较低,适合初期采用。

微信营销：利用微信拓展客户的策略

提到做营销，大多数门店经营者想到的都是做促销活动。实际上，比起做促销活动，我们还有一种更简单、便捷的营销方法——微信营销。

如何才能利用微信营销拓展客户呢？下面分享几个实用的方法。

利用微信步数

在微信顶部的搜索框中搜索关键词"微信运动"，搜出来的微信运动里会记录你每天走了多少步，还有你微信好友的行走步数以及你们的排名。很多门店会利用微信步数的数值做营销活动。

微信步数排行榜

有一家蛋糕店利用微信步数做营销活动。活动规则是：微信步数超过 15 000 步的人可以截图发到蛋糕店的微信群里，第二天就可以凭截图去实体店领取 4 个蛋挞。如果自己一个人的步数不够，还可以和别人一起凑，但是一起凑的人必须加入蛋糕店的微信群。例如，4 个人一起凑步数，4个人都可以领到1个蛋挞。通过这个活动，蛋糕店微信群里的人数从50多人增加到了300多人，而且群用户的活跃度每天都很高。

这个活动有以下两个优点。

第一，成本不高。蛋挞的成本不高。按照一个蛋挞的成本一元来算，4个蛋挞的成本是4元，这4元带来的都是精准的流量。

第二，能够让消费者邀请朋友入群。很多门店也有邀请朋友入群获得福利的活动，但是这种福利往往只有消费者本人可以获得。例如，邀请朋友入群可以获得7折优惠。很多人不愿意因为这些事去麻烦朋友，而且对朋友没有好处的活动，对方很有可能会拒绝。然而这家蛋糕店的活动，让参与双方都可以获得相同的福利。这样就能够让消费者主动邀请朋友入群，而且入群的人也会因为有福利而很热情。

所以这个活动的效果不错，值得其他门店借鉴。

如果你没有社群运营的经验，怕自己做不好，也可以直接用微信步数来做打折活动。

浙江工商大学食堂曾推出"微信步数当钱花"的活动，学生微信步数到达一定数值到食堂消费，可以享受相应的折扣优惠。当天微信步数1万以内打9折，1万～2万打8.5折，4万步以上可以享受5.5折的优惠。学生普遍对这项活动表示欢迎，认为既能锻炼身体，又能享受优惠，所以活动效果很不错。

以上两种是正向思维下的做法。其实，还可以转换思维，用反向思维做活动。

美国有一个睡衣品牌叫 Joe Boxer, 它做过一个非常有趣的活动。该品牌研发了一款运动手环, 这个手环不是记录消费者的运动情况, 而是记录消费者不运动的情况。当消费者打开和运动手环匹配的 App, 上面会显示活动的步骤。

第一步, 先穿上 Joe Boxer 的睡裤。

第二步, 躺在沙发上或者床上一动不动, 然后比赛看谁躺得更久, 躺得最久的人可以获得奖励。

Joe Boxer的营销策略

这种营销方式背后的逻辑就是通过数据判断消费者的生活状态，然后顺理成章地推出自己的产品。很明显，这种有趣的活动大家都乐意去参加。所以，用反向思维做营销活动也是个不错的方法。

早起打卡

早起打卡也是一种有效的微信营销方式。

早餐店就非常适合做"早起打卡"活动。例如，连续一周早上 7 点以前起床并且在微信群里回复"早安"，就可以在下一周享受特殊的早餐奖励或者折扣优惠。这样的活动，既可以让消费者更有起床的动力，又能让他们获得福利，所以有很多人愿意参加。对门店来说就是在用"早起打卡"活动来留住客户。

在特定的时间段拍照

培训机构、书店或者读书会可以做这样的活动。

例如，书店在顾客微信群里发布活动规则：每天晚上 9 点～ 10 点这个时间段，翻到你正在看的书的某一页，拍照发到微信群里。连续看书 7 天的顾客，到书店消费可以获得福利。

这样既能倡导大家养成一个良好的读书习惯，又能有效提高微信群里的顾客活跃度，并且能为书店引流。

微信营销还有很多方式，这就需要门店经营者多思考、多研究、多实践。

"拖时间营销"：让顾客多等待一些时间

商品的价值并不只是由商品本身的功能、质量、品牌等因素决定的，更多时候是由生产商品必要的劳动时间决定的。所以，为了让商品看上去更有价值，门店经营者要学会适当地"拖时间"。

> 我曾去过一家烤兔肉店，店里的生意非常好，经常会排很长的队。当时我很疑惑：店里有很多烤肉架，可以同时烤大量的兔肉，为什么店里烤兔肉出炉的时间却那么漫长呢？
>
> 后来，一位跟这家烤兔肉店的老板很熟的朋友私下告诉我，这家店其实是故意这么操作的。让顾客等待烤兔肉出炉，可以给顾客一种食材很新鲜的感觉。这样还可以延长顾客排队等待的时间，而排队的人越多，顾客就越会认为店里的生意非常好。

放在烤架上的兔肉

听朋友这么一说，我才知道，原来让顾客多等待一些时间也是门店营销的一种策略。

我还发现一个很奇怪的现象，就是采取这种策略的门店经营的几乎都是"快产品"。例如，奶茶、现捞卤菜、蛋糕等，这些其实都是可以提前准备好，客人来了可以直接下单、付款带走的产品，这样可以大大提升门店的交易效率，但是这些门店并没有这样做。

这些门店基本都会找一个合适的理由把交易的速度放慢，让顾客有产品新鲜出炉的心理满足感，并且可以制造排队现象，让顾客觉得店里的生意很好。这种营销方式非常有效，能够让产品价值感更强。所以，门店经营者可以尝试一下，但是一定要根据自家产品的特点设置一个合适的"拖时间"的点，让顾客能接受，愿意排队等待。

实际上，这种策略还有很多其他的形式。

在产品说明书上"拖时间"

产品说明书也是一个很好的拖延时间的方式。我们先看一个案例。

有一位销售山楂酒的老板，为了实现引流，设计了一个产品说明书。产品说明书上写了他们所获得的奖项，产品是绿色、有机的等。

我问他："这个说明书的使用场景是什么？"他说用来放在产品包装里。我又问他："通过这个产品说明书想达到什么目的？"他说想达到引流的目的。

但是，顾客很少会被这种"自卖自夸"的常规说明书吸引。如果在说明书上放一个二维码，让顾客扫描并关注微信公众号，然后输入酒的编号参加抽奖，才有可能触发顾客关注微信公众号的营销动作，实现引流的目的。

这家销售山楂酒的店也可以采取"拖时间"的营销方式。

例如，做一个不干胶贴在酒瓶的瓶盖上，写上"注意：请勿直接饮用"。然后，下面用小一点的字解释，例如"由于本酒质量上乘，味道醇香，所以直接饮用等于暴殄天物，一定要扫描二维码查看正确的饮用方法"。这个二维码可以设为门店的微信公众号。顾客关注后，微信公众号会直接推送正确的饮酒方法，例如，用什么杯子、是否需要冰镇等。总之，最终目的是尽量拖时间。即使门店提供的方法并不能提升酒的口感，但是顾客经过这种有仪式感的行为后，很有可能会产生这样的心理：这样喝，口感确实好很多。

这样一套流程下来，既让顾客亲身体验了酒的品质，又达到了引流的目的，远比常规地把自己获得的奖项或者和某位名人、专家的合影印在产品说明书上的效果好得多。

利用活动"拖时间"

有一家母婴店，将"拖时间"这个营销策略应用得淋漓尽致。

> 某段时间，这家母婴店推出了一个免费赠送婴儿护理产品的活动。这个活动不设门槛，只有一个明确的条件：必须到母婴实体店，由营业员帮忙在微信公众号上向总公司提交申请，才有可能拿到这个免费的赠品。提交申请的时候需要录入一些资料，比如顾客的手机号、宝宝的姓名、年龄、家里有无汽车等信息。这种方法其实就相当于在收集顾客的数据，以备后用。
>
> 一般店铺在录入顾客的数据时，会用计算机审核，这样比较方便、快速。但是这家母婴店采取的是人工审核的方式。这样，顾客基本上都要等10～15分钟才知道审核结果，才知道自己是否有获取免费赠品的资格。

实际上，所有人都能通过审核，拿到免费的赠品。这家母婴店这么做，就是为了让顾客在店里多停留十几分钟。这个时间不长也不短，顾客基本上不会选择出去逛一逛，而是会选择在店里等。研究表明，空闲的时间很容易使人冲动消费，因为人们在空闲的时间会不自觉地寻找身边的事物来消耗时间。这个时候，顾客就会在店里悠闲地逛一逛，并且有可能会购买一些自己原本不打算购买的商品。这就是母婴店举办这次活动的目的。

实际上，这种拖时间的方式并非这家母婴店的原创，美国有一家大型的百货超市塔吉特，早就在用这种营销策略。

> 人们在塔吉特百货超市可以买到服饰、母婴用品、电子产品、玩具、文具、体育用品、宠物用品、厨房用品、家具家电、零食、饮料、冷冻食品及少量新鲜菜肉等商品。此外，塔吉特百货超市还有美妆部和药房等。
>
> 塔吉特百货超市每次做促销活动的时候，都会大力宣传店里的处方药、促销券等。它会告诉顾客："如果你来塔吉特百货超市里的药房购买医生为你开的处方药，下次在塔吉特百货超市买东西可以减10美元。"然而，顾客来这家超市买药时，一般收银员都会很忙，至少要等20分钟。这就为过来买药的顾客制造出了20分钟的购物时间。

总的来说，"拖时间"营销的核心就是人为地制造让顾客等待的时间，延长顾客的购物或者是使用产品的时间，进而满足顾客的某种心理需求，促进顾客产生购物行为。还有很多"拖时间"的做法可以用在门店营销上，以上介绍的仅仅是"冰山一角"。门店经营者可以参考以上案例并在此基础上研究更多的"拖时间"的营销策略，为门店吸引更多的流量。

"传单营销"：用充满创意的方式发传单

据统计，在大街上发的传单的生命周期往往比户外广告的生命周期短，90% 以上的单页传单的生命周期还不到 5 秒。所以，传统发传单的方式的宣传效果越来越差。我们需要一些简单的、充满创意的发传单的方式。

有一个门店，专门在商场、超市的手扶电梯旁发传单。扶梯的上面和下面各站一个人，下面的人把传单递给乘扶梯的人，然后会顺口说一句："看了以后，递给扶梯上面的人，有人收。"当扶梯自动升到上面以后，上面那个人会收传单。

用这种形式发传单，会给人带来一种紧迫感和新鲜感，大概率会让人在乘扶梯的时候忍不住看一看传单。这样做，不仅吸引了消费者的注意力，还帮助门店节约了印刷传单的成本。

门店经营者不能局限于普通的发传单的方式，而是应该拓展自己的思维，用更有趣的方式发传单。

发传单不如送塑料袋

相比发普通的传单，把营销文案印在塑料袋上免费发放，也是一种创意。

在电商平台搜索关键词"订做塑料袋"，便宜的塑料袋才3分钱一个。印10 000个也才300元。质量好一点的、大一点的塑料袋成本也不会超过1元一个。这个成本不高，而且赠送出去覆盖区域还很广。

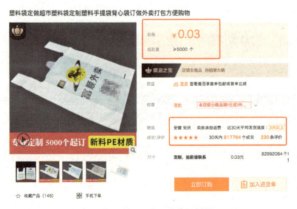

可以在电商平台订做塑料袋

此外，送塑料袋执行起来也更简单。我们可以找小区门口的便利店、小卖部、母婴店等，免费将这些塑料袋送给这些店的老板，让他们在顾客结账的时候使用。这些老板多半愿意这么做，而且有可能会答应你在店里贴海报、放展架。

用塑料袋宣传要注意的一点是，塑料袋上的文案非常重要。塑料袋上的文案一定要精心设计，要与目标人群有相关性。此外，宣传的时候也要有动作引导。例如，做小区社群团购时，最好在塑料袋上印上目标小区的名字，如"×××小区福利：加微信可以3元买2个火龙果"，下方再放一个个人微信号的二维码，最后备注——×××小区水果团购群。这种活动流量转化的效果非常好。

制作通知感很强的传单

我曾收到一张通知感很强的传单。

有一次我回家，在小区门口，一位保安大哥递给我一张小纸条，就像工资条，上面写着什么时间将组织业主到哪里春游、摘樱桃，大人多少费用，小孩多少费用，然后联系谁报名。我看了一眼后，立马报名了。后来才知道这是某个农家乐和小区物业的商业合作。

> 尊敬的业主您好！
> 物业将于3月5日（星期天）组织业主前往蒲江樱桃人家春游，
> 费用：成人85元/人，小孩60元/人。
> 报名时间：即日起到3月4日12:00。

小区里发的春游活动的传单

虽然是商业合作，但是我看到这样的传单不会反感，乐意报名。这种设

计简单、标语直白的传单的宣传效果也很好。

如果你做的是小区周边的一些生意，也可以尝试这种做法。

鼠标垫——可能你以前送的方式不对

鼠标垫虽然是常见的宣传物料，但是关键还要看你怎么用。

在一些五六线城市，如果你销售的是高价商品，目标顾客是小微企业的老板，性价比较高的方式就是送鼠标垫。

这个方法其实就是将送鼠标垫作为一个互相认识的切入点。一旦认识后，无论是引导目标顾客加微信还是后期做销售转化，都非常方便。所以，宣传物料不在于新旧，而在于怎么用。

【冷启动案例】 ▶ 如何让消费者爽快地办会员卡

◎ **案例背景**

星巴克旧的会员体系（2018年12月5日之前）是非常精妙的。

第一，只在消费者最需要会员卡的时候推荐办理会员卡。

星巴克只会向那些买两杯咖啡的人推荐会员卡，对那些只买一杯咖啡的人则很少推荐。因为在星巴克旧的会员体系里，入门级的会员——银星级有3张买一赠一券，而这种券正好是买两杯咖啡的人最需要的。这个时候向消费者推荐银星级会员卡，成功率就很高，而且消费者还会觉得星巴克在为他考虑，帮他省钱。

第二，会员卡要分等级，持续让会员升级。

实行会员体系的本质是让消费者有目标地消费，让消费者从很随性地消费变成很有使命感地消费。这个关键就在于会员等级的设计。星巴克的会员有3个等级，银星级、玉星级和金星级。

银星级	玉星级	金星级
条件：98元购买星享卡	条件：积累5颗星 （消费满250元）	条件：积累25颗星 （消费满1250元）
特权 3张买一赠一券 1张免费早餐券 1张升杯券	特权 1张生日当月免费券 1张买3赠1券	特权 1张生日当月免费券 1张买3赠1券 周年庆免费券 消费10次即获赠1杯 专属金卡

星巴克旧的会员体系

在星巴克旧的会员体系里，要成为入门级的银星级会员，有一个小门槛，需要花98元才能拥有这个会员资格。星巴克的咖啡单价在30元左右，如果每次都是两个人消费，每次使用一张买一赠一券，消费3次就能抵消购卡费用。银星级会员特权里有3张买一赠一券、1张免费早餐券、1张升杯券，这样算下来，其实是很划算的。因此，很多人会选择花98元办一张卡。

入门级的银星级会员可以通过不停地消费升级成为玉星级会员，最后升级为金星级会员。星巴克旧的会员体系里有很多制度上的巧妙设计，这些设计会让消费者觉得升级是一件很简单的事情。

例如，当消费者把银星级会员特权里的3张买一赠一券用完，准备再购买第四杯咖啡的时候，店员就会主动提醒："如果您再买一杯，就可以升级成为玉星级会员了，您就能免费领到一张咖啡兑换券了。"听到店员这样说，消费者有很大的可能会再买一杯咖啡。

第三，不同等级的会员有不同的非标准化特权，随时带给会员消费者惊喜感。

星巴克的店员，总是能够在消费者买单的时候，出人意料地送上惊喜。我们看看星巴克在旧的会员体系里的一些特权设计。

（1）买一赠一券（银星级）。

严格地讲，这个特权是消费者花 98 元买到的。消费者必须买一杯咖啡后才能够免费获得另外一杯咖啡。这样设计就是为了吸引新的消费者，因为大多数情况下我们都会和同伴一起去喝咖啡，很少会一个人喝两杯咖啡。

（2）免费早餐券（银星级）。

如果有这张券，消费者就可以在 11：00 之前，免费获得一杯中杯咖啡。据说，星巴克是利用免费早餐券进行跨品类的商品推荐，希望消费者在领取免费咖啡时也买一些早餐、糕点。

（3）升杯券（银星级）。

有了这张券，消费者可以不花钱就将中杯咖啡升为大杯咖啡，将大杯咖啡升为超大杯咖啡。这是一张能够快速提升消费者满意度的券，能让消费者产生满满的特权感。

（4）生日当月免费券（玉星级、金星级）。

如果消费者有这张券，就可以在生日的当月获得一杯免费的咖啡。

（5）买 3 赠 1 券（玉星级、金星级）。

相当于消费者买 3 杯咖啡，就可以喝到 4 杯咖啡。

（6）周年庆免费券（金星级）。

星巴克的周年庆是 1 月 11 日，金星级会员在星巴克周年庆当月可以免费领取一杯咖啡。

（7）消费 10 次即获赠 1 杯咖啡（金星级）。

不管消费的金额是多少，消费者在星巴克的每一次消费都会被记录下来。当消费次数达到 10 次，该消费者就能免费获得一杯咖啡。

（8）专属金卡（金星级）。

专属金卡是一张刻有消费者名字的金卡。这张金卡会给消费者一种专属感和优越感。

我们整体分析一下星巴克会员体系的设计技巧。它的银星级会员的特权主要是用来培养新会员的消费习惯，玉星级会员的特权主要是用来提升会员的消费总额，金星级会员的特权主要是用来提升会员的消费次数。

正是这种精妙的会员体系，使星巴克来自会员的销售额能够达到非会员的 3 倍。门店经营者要想让消费者爽快地办会员卡，可以借鉴星巴克的会员体系。我认为星巴克的会员体系有两点非常值得借鉴。

1. 缜密的会员体系

星巴克的会员体系设计得非常缜密。消费者的消费次数，消费了多少杯，当前到了哪个会员等级，还要满足什么条件才能升等级等，都非常完善。这些都是星巴克根据消费者的消费心理精心设计的。

2. 店员业务能力强

星巴克会对每一个店员进行专业的培训，培训考核通过才能上岗。因此，店内店员的业务能力很强。他们知道在什么情况下才适合推荐消费者办会员卡，什么时候提醒消费者升级会员。这就大大提升了消费者办会员卡的概率。

除了以上非常核心的两点外，门店经营者在确定会员体系的时候还要注意以下几点。

（1）初级会员要收费，设置门槛，同时设置可以培养消费习惯的特权。

（2）会员升级条件不能太高，而且必须与业务核心指标挂钩。

（3）为高级会员设置提升客单价和消费次数的特权。

（4）在消费者最需要特殊权益的时候推荐办理会员卡，转化率才更高，消费者体验才更好。

【冷启动案例】 ━━ **如何通过将赠品送给顾客的朋友实现顾客裂变**

◎ **案例背景**

在一个小镇上有一家小家电超市，每天进店的顾客大概只有20人。除去房租、工资、水电杂费，家电超市每个月的利润只能使老板维持温饱。老板迫切想改变经营现状，但是不知道要如何做。

这家店可以尝试裂变营销的方法。例如，在店内做一个促销活动，活动的规则是：即日起凡是在本店消费的顾客，只需要加3元，就可以得到一个电热水壶；加6元就可以得到2个电热水壶；加9元就可以得到3个电热水壶。最多只能加9元。但是，这个电热水壶只能送给朋友，还需要朋友到店里来领取。店里每天会送出20个电热水壶，先到先得，送完为止。

虽然这个电热水壶不能自己用，但是因为价格便宜，再加上可以让朋友开心，所以，顾客愿意加钱得一个，甚至得3个电热水壶送给朋友。

假设一个顾客加了9元，得到了3个电热水壶，他会通知他的3个朋友来店里拿。当3个朋友来领取电热水壶的时候，老板可以再告诉他们："我们超市正在做 ×× 活动。每个进店的顾客都有一次抽奖的机会，中奖的可以获得一个超级大礼包。此外，免费送你一张会员卡，今天你无论在店里购买什么产品，都可以免单，只需要你按照今天消费金额的2倍给会员卡充值即可，充值的金额还可以用于下次消费。"例如，顾客选了一个100元的电器，这个100元的电器今天不用给钱，顾客只需要充值200元就可以直接把这个100元的电器拿走，200元可以以后消费。

门店这样做其实相当于在给顾客打折。大多数人都偏好于及时奖励，很容易被这种活动吸引。这种活动设计不仅可以实现顾客裂变，还能实现顾客沉淀，通过让顾客充值会员卡的方式将其长期沉淀到自己的店里。

除了充值，门店还可以选择另外一种方式，例如"只要你在一个月内，邀请3名朋友购买不低于同等价格的商品，今天你支付的钱，就可以全额退还"。

只要有顾客进店，就可以不停地重复上面的两个步骤进行裂变。哪怕每次只有10%的成功率，长期坚持下去，裂变的效果也会非常显著。

很多人可能会认为电热水壶的成本太高。其实电热水壶的成本并不高。在某采购批发网站上，电热水壶的价格才3元多，紫砂水杯的价格才2元多。当然，这些产品未必适合你的目标消费群体。如果不适合也没关系，你可以在采购批发网上搜索关键词"活动促销商品"或者"赠品"，网页上会出现各种各样的质量有保障、价格便宜的商品。

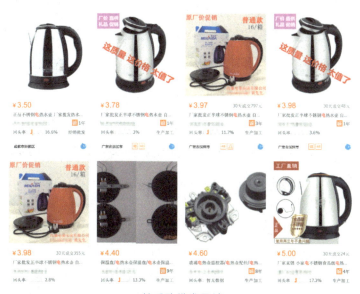

某采购批发网站

某采购批发网站（续）

所以，不要担心赠品的成本问题，这个问题很好解决。

这个家电超市的案例实际上只是对技巧层面的方法的探讨，门店经营者可以根据自己的行业属性、产品属性进行调整和改变。但是，思路是一样的，就是通过将赠品送给顾客的朋友实现顾客裂变，然后通过充值等活动将新顾客沉淀下来，最后形成一套完整的顾客裂变的闭环。

裂变活动的设计其实并不难，难的是落地。只要你去做了，你就会有很多感受和经验，最终就会掌握策划和执行这类活动的技巧，成功帮助门店实现顾客裂变以及顾客沉淀。

引流冷启动：
实现从1到*n*的爆发式增长

在重视流量的时代，门店要想实现从1到*n*的爆发式增长，就应当采取各种
引流措施。

门店引流的逻辑："公关+促销"

门店引流的逻辑不在于活动本身，而在于"公关 + 促销"。

> "脑细胞"社群里有一位同学在北京某办公楼下做快餐。清明节临近的时候他问了我一个问题：如何在清明节做活动，提高销量？

我听到这个问题的时候很惊讶，因为很少有人会选择在清明节做活动。门店选择在这个节日做活动，其实就是为了做活动而做活动，并不能成功引流。所以，我不建议门店随大流，在各种节日做活动。

实际上，那些会做活动并能通过活动成功引流的门店经营者，关注的并不是活动本身，而是公关和促销。

> 一家快餐店做了一个"老板是大胃王"的活动。店门口拉了一张横幅，上面写着：老板是大胃王，最爱吃自家炒饭。然后老板坐在餐桌前，开始一盘接着一盘吃炒饭。吃完后，会把空盘都叠起来。店员会将整个过程录制下来，发到各个自媒体平台上。

这样的活动其实不仅是在吸引流量，还在向消费者传递一个关键信息：老板自己都喜欢吃自家的炒饭，说明食材很新鲜、干净。这样，消费者进店的可能性会更大。

所以，门店经营者要想通过活动为门店引流，就不要为了做活动而做活动，要学会紧密地结合自己的产品、品牌特点来做活动，达成"公关 + 促销"的营销目的。

"公关 + 促销"要注意的关键点，是把握事件营销的节奏感。

常规事件营销的步骤如下。

第一步，租一个场地，做一件有意义的事情。你可以简单地将这个步骤理解为"演戏"。然后，把有意义的事情全程拍摄下来，做成宣传素材，交给媒体去宣传。

第二步，邀请媒体参加现场活动。只要活动符合记者的要求，有一定的社会影响力，他们通常很愿意参加。所以，平时多留意记者或媒体资源，也可以打记者热线。

第三步，让网友参与进来。光有媒体曝光还不够，还需要网友的互动和参与，这样才能触及目标人群。例如，做一个很简单的可以实现互动的小道具，先让意见领袖示范怎么使用小道具，拍成视频，再让网友自己操作，拍成视频发到社交媒体上，然后持续维持事件的热度。当很多网友将视频上传到社交媒体后，再进行一连串媒体宣传报道。最后，活动结束。

以上就是事件营销的完整步骤，能一步一步地把活动推向高潮，引发关注。这种连环步骤需要门店经营者认真体会和学习。所有的事件营销并不是发展到哪里算哪里，而是在一开始就要按照时间节点计划和安排好。这样才能实现"公关＋促销"的营销效果。

如果门店经营者不知道如何才能撬动媒体，或者没有那么多的预算，那么可以号召亲友、顾客与资源帮助宣传。如果人数比较多，并且可以集中发布类似的视频，那么热度也会比较高。

所以，对于同一个活动主题，预算不同，做法也不同。其本质就是通过事件传递价值观，达成"公关＋促销"的目的。

线上宣传引流的时机选择

有句古话说："识时务者为俊杰。"同样的道理，很多时候宣传时机比宣传本身更重要。

"脑细胞"社群里有一位朋友曾在临近除夕的时候问我："如何在除夕夜做宣传？"我当时直接回复他说："在除夕夜做宣传不妥。"

虽然除夕看似是一个非常好的做宣传的节日，但是实际并非如此。主要原因有以下两点。

第一，人们在除夕夜的时候心情比较特别，会开心，也会很浮躁。在这样的氛围和心态下，他们很难平静下来仔细看朋友圈或微信群里的信息，尤其是消费类的信息。因此，在除夕夜做宣传几乎没有什么效果。

第二，你能想到在除夕夜做宣传，其他门店也能想到，再加上铺天盖地的祝福信息，你无法确保你的宣传信息不会沉没在信息的海洋中。

"脑细胞"在春节的时候同样会做宣传计划，所以，我想用"脑细胞"的案例分析一下如何选择宣传时机。

"脑细胞"会在除夕到来前的倒数第三天发微信公众号推文，而且还是在看似非常不好的时间点——15:30发。为什么会选择在这个时间点发推文？主要原因有以下三点。

第一，这个时间点，很多人都回老家一两天了，跟家人聊天的热情也过了，基本都处于一个无聊的状态。所以，这时以短文字、短视频形式发布的商业消息，点击率会比较高。

第二，除夕前的倒数第三天就算有人还没有到家，他们也应该在回家的路上。这个时候他们也应该相对无聊，很有可能打开推送的消息。

第三，避开了其他门店的广告。这个时间点几乎不会有其他门店发广告，也不会有人发祝福消息。

结果发现，这个时间点发布的文章的阅读量有2 500多，转化率将近10%。

"脑细胞"的案例就体现了线上宣传引流的时机的重要性。所以，门店经营者在做线上宣传引流的时候，一定要慎重选择时机。

那么，如何选择线上宣传引流的时机呢？下面从 3 个方面分析不同时间引流的重要性，具体如何选择时机，需要门店经营者根据门店的实际情况而定。

以周为标准

星期一，这是双休日刚结束上班的第一天，大多数人会有很多事情要处理。一般公司都会在星期一开商务会议或布置这一周的工作，所以，大多数人在这一天都会很忙碌。因此，如果要打电话或者发微信宣传业务，尽量避开这一天。如果的确有急事找顾客，应该避开上午，选择下午或者晚上会比较好。

星期二到星期四，这 3 天是正常的工作时间，也是比较适合进行电话、微信宣传业务的时间。因此，营销人员应当充分利用好这 3 天。

星期五，这是一周工作结尾的一天，如果这时打电话、发微信给顾客，多半得到的答复是"等下周我们再联系吧"。所以，门店做宣传也要尽量避开星期五。

星期六、星期天，这两天通常是互联网流量比较低的两天。如果是微信平台的线上媒体的宣传，要尽量避开这两天。但是这两天是抖音这类娱乐短视频平台的高流量时间，因此，做娱乐类短视频软性宣传的可以考虑这两天。不过，周末 11 ：00 之前的时间是线上宣传比较合适的时间段，因为周末早上很多人醒了并不会立马起床，而是会先刷朋友圈、看短视频。

以一天的时间为标准

7 ：00—9 ：00，这段时间人们一般比较忙，但是这个时间段有两个黄金时间点：一是"马桶时间"，二是"路上时间"。像"脑细胞"视频节目这类比较偏理性的内容，选择在这两个时间点发布是很好的。最初的时候，"脑细胞"选择的是21:00发推文，但是效果并不好。因为晚上是大多数人放松的娱乐时间，他们很难静下心去学习。但是早上就不一样了，头脑清醒，对一天的工作有所期待，是学习类内容宣传的好时间点。因此，"脑细胞"的推文时间改到了7:00。

9:00—10:00，这段时间大多数人会紧张地做事。这个时候如果接到业务电话或者看到微信消息，他们也无暇顾及。所以这个时间点，并不适合门店做宣传。

10:00—12:00，这段时间大多数人不是很忙碌，大多数事情都被处理完了。因此，这段时间是电话、微信联系的好时段。

12:00—14:00，午饭和休息时间，除非有急事，否则不要轻易打电话、发微信。

14:00—15:00，这段时间人会感到烦躁，尤其在夏天。所以，这个时间段不适合和顾客谈生意，不过聊一聊与工作无关的事情倒是可以。

15:00—16:00，这段时间是通过打电话的方式创造业绩的好时段，这也是为什么我们会在这个时间段接到很多骚扰电话。

18:00—20:00，这个时间段人们一般在回家的路上，适合运用微信公众号发推文和朋友圈宣传这类宣传方式。

21:00以后，这个时间段一般人都在家，属于比较放松、休闲的时间，适合在朋友圈、微信群、抖音等平台宣传，不过不适合发布长文案、长内容。因为内容太多，看起来很累，所以宣传的内容要偏轻松、娱乐。

以职业为标准

会计师：避开月初和月末，最好在月中对他们做宣传。

医生：11：00—14：00，最好在雨天。

销售员：10：00前或16：00后，最热、最冷的时候或雨天会更好。

行政人员：10：30—15：00。

股票行业：避开开市后，最好在收市后。

银行工作人员：10：00前或16：00后。

公务员：工作时间内，切勿在午饭前或下班前。

药房工作者：13：00—15：00。

餐饮行业从业人员：避开进餐时间，最好在15：00—16：00。

建筑行业从业人员：早上或收工的时候。

律师：10：00前或16：00后。

教师：放学后。

门店工作人员：避开周末或周一，最好在14：00—15：00。

工薪阶层：最好在20：00—21：00。

家庭主妇：最好在10：00—11：00。

报社编辑、记者：最好在15：00以后。

商人：最好在13：00—15：00。

当然，除了时机外，宣传的内容也有讲究。否则，再好的时机也未必有用。

春节期间，我发布的推文内容就很讲究。

第一，文章的标题是"脑细胞春节值班通知"。有通知感的文案更能引起大家的注意。

第二，点开文章以后，可以发现我的第一个通知用的是视频形式，并且是真人出镜。真人出镜可以进一步拉近人与人之间的距离，成功与他人建立信任关系。信任关系对商业转化非常重要。

脑细胞春节值班通知

通知一:
据说，点开了本文的老板同学，特别是点开了上方16秒视频的同学，2020年运气都不会差，必行大财运。

"脑细胞"在2020年春节前发的微信公众号推文

第三，推文中的第三条通知，我写的是"无论之前自己的生意怎么样，2020 年开始，高臻臻本人愿意和你一起在社群里结伴前行"。这句话非常符合大家对未来美好期望的心理需求。

电商平台巨额补贴背后的营销逻辑

有一个老板问我："某平台补贴销售 iPhone 手机，这些 iPhone 手机是真货吗？"我很能理解他为什么会提出这样的问题。

在我看来，平台重金补贴的 iPhone 手机应该不会是假货，因为对该平台来说，好的口碑比什么都重要。好的口碑会直接影响平台所属公司的股价，如果卖假货，那真的是得不偿失。该平台之所以花重金补贴销售 iPhone 手机，其根本目的是引流。这种营销逻辑非常值得一些门店学习。

具体来说，电商平台巨额补贴背后的营销逻辑体现在以下两点。

第一，由于苹果的产品是电子产品里价格透明、相对保值的，所以顾客对于捡到便宜的体验感非常强烈。这使享受过平台补贴后的顾客的留存率达到了 60% 以上。

有些门店经营者说，自己用从国外酒庄进口的几百元的红酒来当赠品，但是引流效果很差。这是为什么？因为大部分人不懂红酒，而且红酒的价格参差不齐，几十元的红酒也有，上千元的红酒也有，顾客并不知道你送的红酒价格高，他甚至会觉得你是用便宜的红酒虚标价格来糊弄他。

所以，门店在做活动的时候，一定要选择顾客有价值感知的商品来当赠品，这样才更有效果。

关于赠品选择，可以查活动近期各大电商平台的热门商品的数据，特别是上升榜的数据。例如，重阳节的时候，电商平台就有一个商品的销量上升得特别快——智能拐杖。

智能拐杖听上去是一个特别高端的商品，实际上就是带有导航定位系统，可以防止老人走丢的拐杖。此外，还带有电筒和收音机，可以满足老人的基本需求。这种智能拐杖在某平台的价格是 100 ~ 300 元，但是在采购批发网上一个智能拐杖的进货价才 40 ~ 70 元。这种顾客认知度高，名字高端的商品，就很适合当赠品。

选择好赠品后，我们还可以包装故事。例如，你是一家教育培训机构的老板，那么你可以做这样的活动：邀请孩子来挑战 2 分钟做 30 道算术题。只要在规定时间内做完，并且全部正确，寒假班的价格可以打 8.5 折。另外，他们还可以为自己的爷爷奶奶赢得一根智能拐杖当作礼物。这样做比单纯打折的销售效果好得多。因为家长既喜欢让孩子去尝试挑战，参与各种社会活动，又期望孩子能够学会尊敬老人。

电商平台在重阳节的热销商品——智能拐杖

第二，iPhone 手机用户的购买力更强。电商平台如果能够吸引这些顾客群，那么平台消费群体的质量就会提升。顾客的质量提升了，人们对平台的认知会改变，平台的影响力也会随之提升。这个时候，人们对该电商平台的接受度会更高，选择该电商平台的顾客也就更多。这其实就是该电商平台的一种营销策略。

有一位摄影师朋友曾告诉我："提升一件低端产品的方式，就是在它的旁边放一个高端的产品，并同框拍照。"

根据该电商平台比较乐观的模型预计，这些有经济实力购买 iPhone 手机的顾客群，只要留存在该电商平台上，未来数年将给平台贡献数千元甚至上万元的长期消费额。所以算下来，该电商平台补贴的这几百元，是相当划算的。

以上两点是值得门店借鉴的。但是，在没有大资本介入的中小微企业，这种补贴的做法还是尽量不采用。

占便宜思维：让消费者感觉到赚了

很多门店经营者认为，做营销活动的时候一定要让消费者感觉到优惠，这样才能吸引消费者，成功实现引流。其实消费者有没有真的占到优惠不重要，让消费者感觉到占便宜才重要。

门店的消费者大致分为 3 类。

一是有"硬需求"的人：这类人对商品的态度是势在必得。

二是有"伪需求"的人：这类人对商品的态度是可有可无。

三是有"软需求"的人：商品对于这类人就是多余的。

第二、第三类消费人群看似消费动力不足，但他们如果感觉到自己赚了，就会产生消费冲动。天猫"双十一"购物节之所以能够引起消费者热烈的反响，就是因为很多人认为这一天购物会便宜很多。实际上并没有便宜很多，只是他们感觉便宜了。这种感觉会激发他们的购买欲望。

1893 年，美国赫赫有名的亨氏食品公司去芝加哥参加世界博览会，不幸的是，工作人员给亨氏食品安排的展位非常偏，在二楼，几乎没有人。怎么办呢？善于做营销宣传的公司创始人 H.J. 亨氏苦思冥想了半天，想到了一个很好的营销创意。

他们这次有一个主打产品——腌黄瓜罐头。他立马联系工厂用铜做了几千个小黄瓜纪念品。"小黄瓜"的背后有一行字：捡到这个的人，可以到二楼领取免费的纪念品。然后，他把这些"小黄瓜"撒落在博览会人流量大的地方。

引流冷启动：实现从 1 到 n 的爆发式增长

　　数千个"小黄瓜"陆续在会场上被发现。那些捡到"小黄瓜"的人都觉得自己又幸运又有优惠可占，于是纷纷跑去二楼的亨氏食品公司。很快，无人问津的二楼变得人满为患，会展负责人甚至担心二楼会崩塌，不得不请木匠重新加固。最终，亨氏食品公司仅仅在会展期间就净赚了50多万美元。

用铜做的小黄瓜纪念品

　　这是被记录在册的有史以来最有效的促销案例之一，利用的就是消费者感觉占便宜的心理。

亨氏食品公司历史档案官网对该事件的记录

At the World's Columbian Exposition in Chicago in 1893, H. J. Heinz found his company's exhibition space located on the second floor of the Agricultural Building away from major attractions. To draw visitors, he printed tags offering a free souvenir at the Heinz display and scattered them on the fairgrounds. Hundreds of thousands of people climbed the stairs to the Heinz exhibit, where they tasted food samples and received a pickle charm. The popular little pickle charm evolved through 10 different shapes and styles into today's pickle pin. The pickle pin has been called one of the most effective marketing promotions of all times.

亨氏食品公司历史档案官网记录了"小黄瓜"事件

那么，门店如何做才能让消费者感觉自己赚了呢？

在价格上花心思

在价格上花心思，很容易就可以让消费者感觉到自己赚了。

我们先来看看以下两种关于产品价格的说法。

第一种说法：买一口 500 元的锅，送一套 100 元的碗筷。

第二种说法：买一口 499 元的锅，加 1 元即可购买一套 100 元的碗筷。

实际上，这两种说法的总价格都是一样的。但是，人们通常会认为第二种说法更便宜。为什么会有这样的心理呢？主要原因有两点。

第一，加 1 元就可以买一套碗筷，让消费者有赚了的感觉，缓解了对前面 499 元高价格的焦虑，可以提高购买的概率。

第二，一个是花 1 元买，一个是送，"送"和"买"在消费者心里的区别其实非常大。一般来说，消费者会觉得买的比送的东西更加实在，而且他们会存在一种主动心理，买的东西是自己需要的，而送的东西是没什么价值的。

"脑细胞"也曾做过一个有关价格设计的小实验。

我列举了以下两组价格，要买 16 ~ 30 元的商品，让"脑细胞"社群里的老板们送出他认为价格更便宜那一组。

第一组价格：16 元、18 元、20 元、30 元、35 元、38 元。

第二组价格：16 元、18 元、20 元、30 元、108 元、188 元。

大部分人选择了第二组。也就是说，大家同样买 16 元到 30 元的商品，但是第二组价格会让人感觉比第一组的价格更便宜。

这就是一个很简单的让消费者感觉自己赚了的方法。所以，设置产品价格的时候一定要设置对比价格，哪怕最贵的那些产品一直卖不出去也没有关系。

星巴克采取的就是这种方式。

> 星巴克前台最明显的位置会放一排依云矿泉水。星巴克一杯美式咖啡的价格是 25 元，而一瓶依云矿泉水的价格是 22 元，这样一对比，大家就会觉得咖啡的价格很便宜，购买的欲望便会更强烈。

虽然很多人说要理性购物，但实际上，大部分人购物时都是感性的。感性是这个世界的主旋律，特别是在生活节奏快的时代，感性的、直觉式的决策更符合这个时代高效运转的要求。所以，有的时候并不一定要大降价，而是要学会利用价格烘托出赚了的感觉。很多消费者都会跟着这种感觉下单。

营造可以占便宜的氛围

除了在价格上花心思外，我们还可以通过营造氛围让顾客产生占便宜的感觉。

> 某小区的楼下开了一家杂货店。这家店从店名到店内的标语都暗示着这家店里的商品价格非常便宜。
>
> 这家店的店名是"点点利商品折扣店"，"点点利"就是薄利多销的意思。店里还有各种夸张的标语，例如"宁赚百人一毛，不赚一人十块""点点利的客户都是盖世英雄，总有一天他会跟你说比了很多家，还是点点利靠谱"。只要消费者进店，就能感觉到这个店充斥着"便宜"的氛围。因此，这家店吸引了很多流量。

点点利商品折扣店营造了一种便宜的氛围

　　这家店的商品价格真的便宜吗？我相信绝对不是所有商品都做到了绝对的便宜。据我了解，这家店旁边还有一家店，有的商品比它家的更便宜，但它家生意却更好，因为它营造了一种便宜的氛围。

　　对大多数消费者而言，信息是不对称的。也就是说，他们并不清楚商品的价格。所以，门店经营者完全可以通过在菜单、传单、名片，甚至壁纸上标示"平民价格""更实惠"等字眼，反复强调自家的商品价格很便宜，从而给消费者一个"便宜"的心理暗示。即使不是真正的低价，消费者心理上也会感到满足。门店销售的不只有商品，让消费者心里舒服也属于销售中的重要部分。

先提价，后给券，增强占便宜感

先提价，后给券，也是增强消费者占便宜感的一种有效方法。

> 有一家米线店，一碗米线的价格在 25 元左右，是周围所有店里价格最贵的，而且还从不打折。但是，该店会给消费者送抵扣券，例如一张抵扣券 10 元，消费满 30 元就能抵扣 10 元，抵扣的力度很大。因此，吸引了很多消费者拿着抵扣券进店消费，而且这些消费者为了达到使用抵扣券的标准，会主动添加一份小菜或饮品，再心满意足地拿着一张新的 10 元抵扣券离开——新的抵扣券，下次来又可以使用。

其实，这家店是故意把价格提高，再通过发抵扣券把价格降到正常水平。这样不仅让消费者感受到了优惠，还给了他们一个反复消费的理由。

"脑细胞"公司楼下的一家面馆也是这样做的。消费者到该店吃面的时候会获得一些小吃代金券，为了用掉小吃代金券，消费者就会主动点一些原本没打算点的小吃，小吃的价格往往会比代金券的金额稍高一点，这样就变相提高了店里的客单价。

面馆送的代金券

门店经营者可以借鉴这样的方式让消费者产生占便宜的感觉。但是，高价商品可以降价，低价商品不建议抬高价格。

用合理的赠品来增强占便宜感

除了在价格上给消费者占便宜的感觉，还可以借助合理的赠品来增强占便宜感。

> 有一家餐厅推出了一道叫"三鲜蒸水蛋"的菜。这道菜是一道名副其实的宝宝菜。菜单上的标价为23元，价格旁边有一个备注：宝宝版小小份免费。
>
> 餐厅将蒸蛋价格标得较高，但通过赠送版，让妈妈们感觉很划算，事实上，后厨准备的都是小份的，点的人也都是点给宝宝的。

一小份免费的蒸蛋就拉拢了妈妈和孩子的心，下次带着孩子就餐时首先就会想到这家餐厅。有了情感记忆，更容易强化顾客的黏性。

除了这种送赠品的形式，将合理的赠品在合适的时候出其不意地送给消费者，也会让消费者感觉占到了大便宜。例如，有些餐饮店会在消费者结完账离开的时候送一瓶矿泉水或者一听可乐，仅仅是几元的东西，却让消费者感觉占到了便宜。

所以，门店经营者要想办法给消费者带去占便宜的感觉，刺激他们消费的欲望。

除了打折，还可以创造人群"冲突"来引发传播

打折是门店常用的一种营销方式。这种营销方式虽然有一定的引流效果，但是有一个弊端：只能吸引对价格敏感的人群。也就是说，对那些对价格不

敏感的人群而言，这种营销方式的效果不大。

> 有一家主营鱼头粉的门店，初开业的时候每个月的营业额在 16 万元左右。但是过了 3 个月后，门店的营业额开始急剧下滑，直接跌到了之前的一半。为此，这家店准备采取打折促销的方式来引流。

普通的打折促销吸引来的都是对价格敏感的人群，这样很容易形成恶性循环，即只有打折才有顾客，不打折就没有顾客。这显然不利于门店长久的发展。实际上，除了打折外，门店经营者还可以通过创造人群冲突来引发传播。

> 北京的"西少爷"肉夹馍店在周围都是互联网公司的北京商务中心区做了一个营销活动：互联网公司的员工凭自己的工作牌可以免费在店里领取一个肉夹馍，但是 ×× 公司的工作牌除外。这个活动推出后，引发了大家的激烈讨论，他们不知道为什么 ×× 公司的工作牌是例外。很快，这个活动的消息就在那个区域传开了。借着舆论的力量，"西少爷"肉夹馍店成功实现了引流。

这就是一个典型的通过创造人群冲突来引发传播的营销案例。一旦有冲突，就会引发议论。一旦有议论，就会被关注，就会被不断地传播。所以，不得不承认，北京的"西少爷"肉夹馍店的这个营销策略非常高明。

我们可以用普通人的名字创造人群冲突，实现引流。

例如，今天所有叫"李雪"的人带着身份证来店里就可以享受半价优惠。这种打折的形式比较有趣，更能吸引顾客，而且获得优惠券的顾客说不定还会发朋友圈，例如"感谢爸爸妈妈，没想到你们给我取的名字还能在今天派上用场"。这种营销还有一个好处，可以引发朋友之间的分享，进而引发小型的事件营销。

这些都是比较简单的人群冲突，我们再来看看更有趣、传播力度更强的京东的"名字营销"。

为了宣传这个活动，京东还在线上、线下投放了很多广告，例如地铁站广告、墙体广告等。这个活动受到了广泛的关注，被大量转发。一些网友甚至在微博下面回复："我现在去改名字，还来得及吗？"最后，全国有 1 000 多位叫王元的人报名参加了这次活动。

京东电脑数码在微博上发的"寻人启事"　　京东的"寻人启事"宣传文案

京东在地铁站、墙体投放的广告

京东在头条上发的"寻人启事"

最后,被选中的王元们拍了很多活动海报,真的成了京东的代言人。

我们来看看京东的王元版宣传海报。

这位王元,20岁,男性,舞者,代言的文案是"想玩 Hi-Fi 耳机,20岁不想听话,想听歌"。

想玩Hi-Fi耳机的京东代言人王元

这位王元,23岁,男性,编剧,代言文案是"想玩投影仪,从电影里观察生活的倒影"。

想玩投影仪的京东代言人王元

这位王元，34 岁，男性，市场经理，代言文案是"想玩运动手表，把中年危机一步步踏在脚下"。

想玩运动手表的京东代言人王元

这位王元，28 岁，男性，私营店主，代言文案是"想玩高端游戏主机，在平凡生活里做一会儿英雄梦"。

想玩高端游戏主机的京东代言人王元

这位王元，女性，媒体工作者，代言文案是"想玩运动相机，好动不是小孩子的特权"。

想玩运动相机的京东代言人王元

这位王元，36岁，女性，大学教师，代言文案是"想玩无人机，人民教师也可以很极客"。

想玩无人机的京东代言人王元

这次代言人召集，把京东背后的人群画像具象化，把京东背后到底是哪些人在买东西形象化地展现在了我们的面前。这样可以让与这些"王元"同样行业、同样年龄、同样需求的消费者有了对号入座的机会，让更多的消费者产生一种"我以后是不是也应该多在京东上消费"的想法。这也是京东这次营销活动成功的关键。

我们可以从京东的这次活动中学习到什么呢？如果我们想创造人群冲突引发传播，我们该如何做呢？

制定清晰的活动流程

京东"一百万找王元做代言"活动的整个流程非常清晰。

第一步，发布全国寻找王元的消息。

第二步，引导大家转发。

第三步，适当地投放各种线上、线下的广告，做媒介支撑。

第四步，筛选王元，并给王元们拍代言广告。

第五步，把王元们代言的广告发布出去，形成一个个有效的传播。

活动整体的节奏感非常强，可以说是一次非常成功的事件营销活动。这种做事件营销活动的步骤、节奏感值得门店经营者学习。

寻找大众代言人

请明星做代言人，不但成本高，而且存在各种潜在风险。例如，某个明星的形象、气质虽然适合京东，但如果他/她有同类竞品的代言，而且代言的品牌太多，那么就会稀释品牌代言的力度。一旦明星被曝出负面新闻，那么他/她代言的品牌也会受影响。所以，现在越来越多的品牌会寻找大众代言人。这种方式不但显得品牌重视消费者，而且性价比更高，互动性也更强。

小范围地召集"王建国""王芙蓉"来代言

虽然一般的门店没有京东这样的财力，无力去做这样的大型事件营销，但是可以小范围地召集"王建国""王芙蓉"等来代言。例如，一家小餐馆可以发起这样的活动：只要一桌吃饭的人里面有一位叫"王建国"的顾客，那么这一桌餐费就可以打 5 折。活动名称就可以直接叫"王建国，这个月请你吃饭"。这种营销模式无论是在线上还是线下，都可以引发一些传播。

成本思维：做一些成本较低的活动

如果活动的投入超过回报，那么无疑是一个失败的活动。所以，门店经营者在做活动的时候，一定要具备成本思维，要尽量做一些低成本、高回报的活动。

成都餐饮圈有一个专门替人转发朋友圈的微信群。这个微信群里的人都是活跃在成都餐饮圈里的一些相关人士，例如，美食 KOL（key opinion leader，关键意见领袖）、大众点评的美食达人以及一些其他行业的 KOC（key opinion consumer，关键意见消费者）等。通过相关人士的组织，大家集中到了一个微信群里。如果有餐饮店做活动，就会把需要转发的内容发布到该微信群，让大家都忙转发，然后在微信群里发一个红包，红包的金额一般不低于200元。有时候，有些餐饮店会发上千元。红包金额越高，转发的人就越多。一般情况下，一次至少有几十个人转发。按照这些人每人的朋友圈好友2 000人来算，所有人转发可以覆盖几万人甚至10万人以上，而请一个拥有10万粉丝的微信公众号做宣传，广告成本至少需要五六千元。

综合来看，这种借助微信群做营销活动的成本比较低，值得门店借鉴和学习。

比如，门店经营者可以通过邀请的方式，把自己的朋友圈、顾客群里的人邀请到一个微信群里，具体的设计规则如下。

品牌宣传推广群

首先要给微信群里的成员特殊的福利，例如微信群内好友到店消费享受

VIP（very important person，贵宾）折扣（打折或其他形式）；每周在微信群里抽取若干个"霸王餐"、若干个免费奖品等（有助于引流到店）；按照规定转发门店推送的文章或其他内容到朋友圈，可以获得对应的回报（现金红包、代金券、礼品等）。通过这样的方式，门店既可以实现顾客沉淀，也可以形成传播。

很多人看到这里，会有一个疑问：大家对这种转发不是都比较排斥吗？对此，我有一个观点想分享给大家。

这样的活动有人会排斥，也有人愿意参与。社群是一个不断筛选人、最终留下同频的人的组织。只要条件够诱人，就有人愿意参与。比如，门店给参与的顾客办一张会员卡，顾客只要转发 1 次，门店就把顾客上次消费额的 10% 返到他的会员卡里。顾客转发门店 10 条内容，上次消费的钱就全部返到会员卡了（返完为止）。类似这样的活动对一定的客群和业态，是有触动转发的价值的，他们大多愿意做。所以，转发活动的关键在于门店设计的规则是不是有触动转发的价值。

低成本、高回报是任何一个门店做活动的最终追求。以上案例也表明，有些时候，一些低成本的活动远比高成本的活动转化效果好。但是，做低成本的活动也要讲究策略，门店经营者要学会设计一些能够触动转发的"按钮"。

裂变思维：老顾客引流、裂变设计

提到营销、宣传，很多门店经营者首先想到的是去哪里投放广告，去哪里做一场活动。其实，老顾客也是好业务员，让老顾客介绍新顾客，远比做广告、做活动开发新顾客效果更好。让老顾客介绍新顾客其实就是裂变思维。

那么，如何才能让老顾客转介绍，实现裂变呢?

建立微信群，用微信红包裂变

第一个技巧就是号召老顾客拉朋友进微信群。群里每增加 10 个人就发红包。红包的金额不需要太大，1～5 元即可。当满 100 人、200 人的时候可以发一个大一点的红包。

> 我的一个朋友之前帮一家主营床上用品的店做社群裂变，采用的就是这个简单的方法。最后，这家店一周销售了 20 多万元的商品。

这家店的具体裂变方法分为 4 步。

第一步，让店员到线下去拉人加微信群，告诉大家这个微信群里本周末要搞活动，只需要花 20 元就可以买一个太空枕，并提醒他们到时候留意微信群里的消息。

第二步，有了第一步的种子顾客后，因为还没到周末，店员可以随时在微信群里发消息让大家把自己的朋友也拉进来，参加 20 元买太空枕的活动，而且每满 10 人、20 人还有现金红包。这样很多人就会去拉人进群，流量就能实现裂变。

第三步，周末的时候，告诉大家 20 元买太空枕的活动要在某个实体店举办，而且店里还有其他各种吸引人的福利。

第四步，等微信群里的顾客到了实体店以后，门店再通过一些升单策略将 20 元的太空枕升单到几百元的床上用品。最终这次活动销售了 20 多万元的商品。

这种裂变方式虽然比较老套，但是对某些人群依然有效。

给老顾客免费，但是要让他们出力

我有一位朋友，是做境外导游英语培训的，主要培训方式是在微信群上课。她的引流方式也比较简单、直接。她在微信群开免费的公开课。虽然听课的人可以不出钱，但是他们必须出力，进微信群听课的人必须发朋友圈，邀请更多的导游朋友一起来听免费的公开课。群主会专门安排一个人来检查每个人的朋友圈。例如，距离开课还有5天时间，这5天群里的人每天必须发一条朋友圈来为这个公开课引流。如果学员在开课前没有完成发朋友圈的要求，就会被移出微信群，不能听课了。这种引流模式效果非常好，在短时间内吸引了大量学员，裂变了近百个微信群。

引流裂变的方法有很多，但是逻辑都相似，那就是让老顾客都积极行动起来，介绍新顾客。

圈层思维：锁定特定人群，开发小圈层

锁定特定人群，开发小圈层也是一个有效的引流方法。但是，并不是所有的门店都适合用这种方法。我认为以下几个行业的门店可以用圈层思维来引流。

红酒

有一家销售红酒的实体店，主打产品是女性酒，销售渠道主要是经销商、线上团购。跟同行相比，该店的优势是，只针对"80后""90后"的女性进行销售。该店的创始人是品酒师出身，擅长做红酒培训。

就该店的整体情况来看，较适合的营销策略就是锁定特定人群，用红酒

培训做圈层。

红酒培训课可以收费，也可以免费，主要目的是引流。这样做虽然转化的速度慢，但是长期做下去，会得到不错的转化率。此外，关于红酒培训课招生的问题，一定要突破惯性思维去做。例如，可以在抖音平台上上传有关花式品酒的方法的短视频。

除了红酒培训课外，也可以做红酒品鉴会。但是，像红酒这种小众的产品，参与品鉴会的人最好不要超过 10 个，一定要小圈层爆发。虽然 10 个人看似不多，但是如果每个人都有良好的体验，转化率会相当高。

私房菜

我有一个做私房菜的朋友，他的餐厅的营销方式是，吃饭免费，但是喝酒收钱。他的顾客数量不多，但来吃饭的客人都喜欢喝非常好的酒，一顿饭吃下来光喝酒可能就要花几千元甚至几万元。他们每天只接待一桌，即便这样，每个月的营业额也非常高。

这就是典型的用圈层思维创造利益。

亲子餐厅

上海市的郊区有一家亲子餐厅。这家餐厅的位置非常偏，附近也没有居民楼，看上去似乎没有什么生意。餐厅刚开张的时候的确没有什么生意，于是，餐厅开始针对特定的顾客群定期做活动。这些活动丰富且有趣，例如复古派对、亲子活动、插画、比萨教学、心理咨询课等。这些活动非常适合家长带孩子参加。因此，很多顾客都会带自己的孩子来玩，甚至有的顾客会直接包场。他们还会发朋友圈或者直接向有孩子的家长分享，让他们也来体验。这样圈层就慢慢建立起来了，也成功实现了引流。

以上 3 个是比较适合做小圈层的行业，因为这些行业都有比较特定的顾客群。所以，如果你经营的产品受众面比较小，那不妨锁定特定人群，建立小圈层。虽然这些顾客群的人数不多，但是你会发现小圈层也会有大收益。

异业合作思维：深度融合，合力才真正有效

很多门店会进行异业合作，但是在我看来，90% 的异业合作都是无效的。

为什么这么说？因为通常情况下，门店都会更关注自己的利益，这样会导致矛盾频出。

我曾听到过这样一个说法。很多人去读 MBA（Master of Business Administration，工商管理硕士）其实不是为了学知识，主要是为了认识人，结交资源。最后他们发现，自己才是其他人的资源。异业合作也是同理。你想从别人手上获得一些顾客资源，别人也是这样想的。最后的结果就是"三个和尚没水喝"。

虽然 90% 的异业合作都不成功，但是还有 10% 的异业合作是成功的。为什么这 10% 的会成功呢？

异业合作关系有 3 种关系，即俯视关系、仰视关系和平视关系。不同的关系要用不同的合作方式才能深度融合，实现有效合作。

俯视关系：异业合作尽量不要去和对方的老板沟通

异业合作尽量不要去和对方的老板沟通，否则合作很难成功。首先，老板的关注点一定在自己门店上，所以和对方的老板沟通合作的成功率比较低；其次，对方老板可能会安排不太了解情况的下属跟你对接合作事宜，在这种情况下，合作自然难以取得成功。所以，建议尽量跟异业的员工沟通合作。

我有一位朋友是开马场的,他的其中一个获客来源就是酒店。

骑马是比较小众的需求,但是对于一种人,骑马可能是刚需,那就是结婚的人。大多数女孩子都做过关于白马王子的梦,如果结婚的时候能拍几张骑马的婚纱照,那么她们一定会很开心。结婚的人在筹备婚礼的时候,第一件想到的事情就是选酒店。所以,酒店是所有新人的第一流量入口。当然,也是骑马的目标受众的第一流量入口。

经过这样的分析后,我的朋友就通过人际关系找到了不少酒店。但是,他没有找酒店的老板,而是专门找酒店的员工(例如酒店经理)沟通合作。当酒店经理接触到新人,与新人建立了一定的情感信任以后,他们会从关心的角度问一句:"你们在哪里拍婚纱照啊?我有一个朋友是开马场的,你们有需要可以去那里骑着马拍婚纱照。"

酒店经理只要成功推荐一单,就可以拿到提成。订单多的时候,一个月的提成甚至能超过酒店经理在酒店的工资。所以,这样的事他们很乐意做。相反,如果我的朋友跟酒店的老板沟通合作,他们不一定看得上这个提成。即便他们答应合作,也不会很重视,执行力也就大打折扣了。

采取这种模式进行异业合作后,我朋友的马场每个月至少有30%的收入来源是各个酒店的员工贡献的。同时,来拍骑马婚纱照的消费者,还有一定比例的人会沉淀下来学习骑马,整个项目很快进入了良性循环。

所以,异业合作时,和关键岗位的个人沟通合作才是最高效的。这一点比较适合销售型的行业和产品。

仰视关系：异业合作是一个典型的后端赢利的模型

"异业合作是一个典型的后端赢利的模型"，这句话好像有点奇怪，但事实确实如此。

> 有一家人想找保洁阿姨，物业给他们推荐了一个人。物业说这个阿姨只接高收入家庭的单子，只做钟点工，家里有老人、小孩都没有问题。试用了一周以后，他们发现这个阿姨特别优秀，而且这位阿姨根本不能叫"阿姨"，因为她才20多岁，不仅年轻，还有钱。
>
> 有一天，这位"阿姨"给雇主带来了一些自己家种的有机蔬菜，并且成功地说服了雇主加入一个"××有机蔬菜"的合作项目，以月费的方式收取菜款，每两周送3次新鲜蔬菜，由这位"阿姨"亲自送上门。
>
> 大家关系更熟以后，这位"阿姨"给雇主留了一张名片，上面写着"××果蔬有限公司销售总监"，并说："大姐，你放心，我所有的雇主都吃我们家的菜，没有说不好的。我们村里的所有女人都在外面做保洁，不靠做保洁赚钱，而是靠卖菜赚钱。但是活肯定不会给你干差的，毕竟干差了，你就不会定我们家的菜了。"

有机蔬菜除非是供应给机构、学校这样的地方，供应给散户很难实现获客引流。保洁和有机蔬菜原本是毫不相关的两个行业，但是这位"阿姨"特别聪明，用保洁工作来引流，和雇主建立信任之后再卖菜。虽然有点绕，但是一步一个脚印地开拓市场，半年、一年下来，有机蔬菜的顾客数还是挺可观的。这就是一个典型的靠异业合作来实现后端赢利的案例。

异业合作是一个不讲感情、不讲关系，只讲利益的方式。异业合作一定要讲利益，而且最好还是大利益，给自己的项目找到一个可以后端赢利的方式。

把异业合作做成后端赢利的方式，比较适合和供应链上下游关系比较密切的门店。

平视关系：大家一起造势

异业合作的时候，如果仅仅是互相在店里陈列一些对方的宣传资料，一般不会有多大的效果。

实际上，很多时候异业合作并不需要做得太复杂，如果是旗鼓相当的两方的异业合作，就可以做得轻松、有趣。

> 有一家围棋馆和瑜伽馆隔着一个门店。围棋馆门口放了一个展架，展架上写的是：隔壁的隔壁××瑜伽馆很好！然后用一个箭头指向瑜伽馆。瑜伽馆门口也放了一个展架，上面写的是：隔壁的隔壁××围棋很好！然后用一个箭头指向围棋馆。

围棋馆与瑜伽馆的异业合作

这样的异业合作方式非常有趣，让路过的人忍不住会多看几眼，也可以引导更多的顾客进店，成功实现异业合作之间的顾客共享。

竞争对手之间不一定要互相攻击，也可以一起合作造势。这种异业合作方式比较适合平级和平级之间的异业合作，也是通常意义上的异业合作。

有人说异业合作就是取长补短，强强联合，低成本、精准批量获客。异业合作的确有这样的效果，但是不是所有的异业合作都能实现这样的效果。真正意义上的异业合作一定要深度思考、深度融合，不能以占别人便宜的心态去开展异业合作。异业合作需要自己用心，只有自己用心了，别人才会用心，合力才会强大。

产业链思维：打通产业链，上下游引流

通常来说，产业链上游的工厂掌握着供应链，掌握着货源；产业链下游的实体店掌握着顾客。也就是说，上下游各自都掌握着核心资源，而产业链中游的代理商则被架空了。特别在互联网时代，信息变得透明，产业链中游的代理商的生存空间更容易遭受挤压。

> 在一个县级市有一家做流通型的灯具照明、电工产品、卫浴洁具、日用电器等产品的批发配送门店。这家店的主要顾客是相关的零售门店，辐射 60 千米内的本地市区、乡镇经销商和相邻的其他区、县的乡镇经销商。
>
> 经营多年，批发配送门店的资金一直有点紧张，经营产品的库存越来越大。因此，这家店的经营者想出让一些股份，回笼一些资金，而且想引入年轻、有活力的管理者。

其实，这家店要找到合适的年轻的管理者比较难，不如从自己的员工中寻找。因为这家店位于产业链中游，核心竞争优势不明显，上下游一挤压，生存空间会越来越小。也就是说，这家店的命脉并不掌握在自己的手中。

位于产业链中游的门店不如从销售产品的思路中跳出来，转变为提供服务。在服务中包含产品，产品只是服务中的一部分而已。这就是从销售产品升级为销售解决方案。这种方式能够成功打通产业链，实现上下游引流。

有一位销售灯的老板，想给在小县城里开灯会的需求方提供整套解决方案。例如，如何在灯会现场做灯光系统？怎么设计灯会路线？这样可以让需求方轻松、省事地投资和赚钱，而他变成了提供一整套灯会解决方案的服务方。然后，他再拿着为需求方做的解决方案去找上游的灯具生产厂家沟通，因为一次需求量够大，而且可以长期合作，所以他在厂家那里的话语权要比单纯做中间商时大得多。这样上下游资源都会随之向他倾斜，他在市场中的竞争力也会更强。

从产业链中游起家的老板，为了获得在整个产业链中的话语权，提高自己的核心竞争力，就要从售货思维转变为服务思维，从单纯的销售产品变为销售服务，体现出自己的价值增量。在做到一定程度的时候，一定要反向投资上游供应链，哪怕只在上游生产厂家占股5%、10%，甚至只有1%，至少在同等竞争条件下，你会比其他的中游企业更有话语权。

◎ 案例背景

一个培训机构的老板问："为什么培训机构推出的免费课没有人愿意去听？"

我想用我的一次亲身经历来回答这个问题。

有一次，我带着我的女儿去商场玩。我们闲逛的时候走到了商场的一家英语培训机构门口。门口站着一个外国人在向我们招手，给我们发了一张传单，并告诉我们下午两点有一个免费的公开课。我感觉还挺好的，因为我女儿去听免费课，我还可以休息一会儿。于是，我果断决定参加这个公开课。

临近上课的时候，我和女儿走进培训机构的教室。这间教室是该培训机构最大的一间教室，教室里有一个很大的落地窗，商场里路过的人都可以清楚地看到里面上课的场景。这其实就相当于一个真人橱窗广告。

这个公开课是家长和孩子一起上的。家长们都坐在教室后面的板凳上，孩子们在前面做英语游戏。一节课30分钟，很快就愉快地结束了。这时候，又走进来一位老师，说要把孩子们带到另一间教室做游戏，主要是想看看孩子们离开家长后的表现。孩子们离开后，校长进来了，开始给家长介绍课程，以及培训班各种有趣、开发大脑的活动。介绍完之后，孩子们才回到家长的身边。然后，老师会根据刚才孩子们玩游戏的情况给每一个孩子做英语水平测试，并提出各种建议。最后，老师会让家长带着孩子到外面的小房间参观，这时候他们会单独跟家长提建议，其实就是向每个家长推销课程。

上完免费课程回去后，我经常会接到该培训机构打来的电话。但是奇怪的是，他们从不在电话里销售课程，只是跟我说什么时候有免

费的体验活动。例如，有外教教小朋友做蛋糕的活动，他们会将教室装修成厨房，里面配有烤箱和各种厨房用具。除此之外，还有其他主题教室，设置这些都是为了提高小朋友的体验感。让我去听课，我的兴趣可能不大，但是我很乐意带孩子到那边玩。

所以，送免费课程并不是重点，该培训机构的"撒手锏"是送体验。

因为家长要的并不是课程本身，而是好的体验感。只有这样门店和家长才能建立信任关系，进而成为朋友，最终才能促进家长们选择给孩子报课。

【冷启动案例】 ▶ 用"打火机"给实体店引流的策略

◎ 案例背景

在某个村子，一千米范围内有 3 家小卖部，主营烟酒、日常生活用品、小食品、饮料等。这 3 家小卖部的硬件条件和商品都差不多。有一家的位置比较偏僻，人流量比较少。但奇怪的是，这家小卖部的生意却是 3 家中最好的。这看上去似乎不符合逻辑，为什么流量少却可以把生意做得那么好呢？

我有一个朋友是这个村子里的，他过年回老家的时候，发现了这家店生意好的奥秘。

有一天，他在路上遇到邻居李叔，对方正要去那家生意好的小店。我的朋友有点不解，为什么要舍近求远？因为李叔家隔壁就有一家小卖部，为什么不在那边买？李叔冲朋友笑着说："在村头的那家小卖部，拿着芙蓉王烟盒就可以换一个打火机。"朋友问："不管是不是在那里买的烟，都可以换吗？"李叔说："是的。只是过了正月十五就没得换了。"听到这些话，我的朋友才恍然大悟，原来这家店是在用打火机引流。

打火机的批发价格才 0.2 元左右，甚至更低，远比发传单划算。而且传单的归宿通常是垃圾桶，90% 都是浪费，而打火机是成功引流后才会送的，转化率是 100%。

这个案例中还提到了"芙蓉王烟盒"，这也是一个很妙的引流设置。这个烟盒原本没什么价值，小卖部的老板可能回收回去也没什么用，可能也只是当垃圾扔掉或者当废品卖掉，但是这就给了消费者一个由头，让消费者适当地付出——先收集烟盒，再兑换打火机。这种活动的转化率就非常高。因为来小卖部换打火机的消费者，总会顺便再买点什么。就算有那种只兑换打火机，其他什么都不买的消费者，也会因为跟小卖部的老板建立了信任关系，在有需求的时候更愿意去他店里买东西。

这个案例在非农村地区也非常有借鉴意义。例如，在手机店，用旧手机再加一些钱换一个新手机；在化妆品店，凭粉底的空盒子可以换一盒新粉底；在蔬菜店，凭空的酱油瓶可以换一颗大蒜；在文具店，凭快用完的铅笔头可以换一个橡皮擦等。

【冷启动案例】 用数字游戏做营销

◎ 案例背景

有一家面馆叫"雷门拉面"。我经常带女儿去这家面馆吃饭，主要是因为被店里的数字吸引了。

雷门拉面店数字营销做得特别好。当消费者往那里一坐，就可以看到桌角有一个数字版的排名：雷门拉面店年度统计畅销菜品榜，前三名分别是社长原汤拉面，售出了 81 万多份；西沙沙拉，售出了 78 万多份；叉

雷门拉面店的年度统计畅销菜品榜

烧拉面,售出了 68 万多份。

在点餐的时候,服务员还会给消费者一张小卡片,先选面,再选一些个性化的设置。例如,面条质感是软还是硬,咸淡程度是淡还是咸。更有意思的是,还会让消费者选择熬汤时长,是选熬了 10 个小时、15个小时的汤,还是选熬了 20 个小时的汤。大部分人都会选择熬汤时间最长的那个选项。这就是明显的"做好事,要留名"的做法,这家店在暗示消费者自家的汤都熬了很久,这比直接说自家的汤熬了多久的广告语表达的效果要好得多。因为多了互动参与,消费者的记忆感会更强。

雷门拉面店的菜单

无论是桌角的数字版排名还是菜单上的熬汤时长,其本质就是用数字游戏做营销。这个数字可以让消费者感知到这家店的产品很受欢迎,而且产品质量有保障。

数字在营销表达中非常有用。学会用数字表达,可以让营销更深入人心。

具体来说,数字营销有以下四个特点。

第一，可以显得特别专业。例如，乐百氏纯净水的广告语"经过了27层净化"。

第二，有很强烈的对比感。例如，360杀毒软件显示的"您的计算机开机速度已经超过了全国$n\%$的计算机"。

第三，有强烈的引导性。这就像打游戏升级一样有成就系统的引导。例如，在得到App上，每当你听完一本书后，系统都会说一句："这是每天听一本书陪你读过的第182本书，祝贺你又听完一本书。"

第四，让人能够产生具象化联想，用户体验更好。例如，我之前在上海机场看到的指示牌，不仅会告诉你厕所在什么方向，还会告诉你从现在的位置到厕所距离有多少米，走路过去需要多少分钟。

转化冷启动：
如何打造"私域流量池"

只有打造自己的"私域流量池"，才能大幅提升流量的转化率。这是门店冷启动的"重头戏"。

销售转化的好方式：打造"私域流量池"

在互联网时代做项目有 4 个途径："抢资金""抢货""抢流量""抢人"。有的老板"抢资金"，但是很多投资者自己的日子都不好过，所以去找投资者投资也不靠谱；有的老板"抢货"，但是真正垄断性的货源都在大公司手中，想"抢"也"抢"不到好的稀缺货源；有的老板"抢流量"，例如去投放各种广告，但是获取流量的成本不仅越来越高，转化率还越来越低。所以，在新时代，"抢钱""抢货""抢流量"都不是销售转化的最好方式。因此，很多老板开始"抢人"——打造自己的"私域流量池"。

何谓私域流量池？就是不用付费，可以在任意时间、任意频次，直接触达消费者的渠道，比如微信群、微信公众号。在任何时代，只要你有消费者，你就有生存下去的可能。所以，从长远来看，销售转化的好方式就是打造自己的"私域流量池"。

> 阿么女鞋是一个成立了 10 多年的品牌。该品牌最早是做电商，后来也开了实体店。公司每年的营业额有几亿元，每年的女鞋销量多达几百万双。生意最好的时候，一天的电商团购销量金额能达到 600 多万元。

阿么女鞋之所以能取得成功，关键在于打造了自己的"私域流量池"。其经营模式和成功经验，值得我们借鉴。

实体店是一个流量入口，可以实现流量沉淀

实体店不仅是一个销售产品的地方，还可以看作一个流量入口。我们可以把进店的所有人都沉淀到个人微信号里，进行多次销售转化，实现商业价

值的最大化挖掘。

实际上，对大多数创业者来说，沉淀流量的好地方不是通常大家所说的微信公众号、抖音号等自媒体号，而是个人微信号。因为微信对消费者来说很方便，它符合消费者的使用习惯和信任习惯。消费者会觉得微信后面都是真实的人，这样销售转化也就变得更加容易了。

阿么女鞋就是这么做的。阿么女鞋在全国有几百家实体店，每家店配一个手机，以公司的名义注册手机号。这个手机是公司买给员工用的，购买手机的目的就是为实体店引流并沉淀流量。手机号归公司所有，防止员工离职便带走手机号。如果员工离职，手机号还在，顾客资源也就还在。

确保顾客不会立马删除你的微信号

很多实体店会通过赠送小礼品的方式吸引顾客添加微信号。但是，这么做会存在一个问题，顾客转身就会删掉你的微信号。所以，我们不仅要给顾客一个添加微信号的理由，还应当确保顾客不会立马删除你的微信号。

在这个问题上，阿么女鞋给了顾客3个加微信号并不会立马删除微信号的理由。

第一，加了微信号，以后都可以免费过来清洗鞋子，不管是不是在本店买的鞋，都可以拿过来清洗。

第二，实体店的鞋有限，微信上有更多款式的鞋子，在朋友圈里可以随时看到新款和活动款。

第三，有活动的时候可以在微信上第一时间收到通知。

阿么女鞋就靠这3点理由沉淀了很多顾客。另外，阿么女鞋的收银台上放了一个二维码，收银员会引导顾客扫码加微信号。

充分放权给一线销售员

个人微信号上的销售转化和客情维护不能是老板自己做或者由客服部门来做，而应该充分放权给实体店的一线销售员，让他们来做。因为他们更了解自己的顾客，更能把握好分寸。同时，这也是激励他们努力工作的一种方式。

阿么女鞋的激励政策特别有趣：凡是上班时间通过微信号成交的订单，提成只有 3%。但是，在非上班时间用微信号成交的订单，可以拿到 10% 的提成。这种方式，很好地调动了销售员在业余时间的工作积极性。

另外，阿么女鞋对销售员还有两个方面的业绩考核：添加顾客微信号的数量和销售额。对于业绩突出的销售员，阿么女鞋会给予奖励。这样一线销售员的生产力就被释放了，他们的干劲会更大。

对微信号上的顾客进行标签管理

对微信号上的顾客要做好标签管理。这就相当于制定了一个简易的顾客管理系统。

微信通信录有一个自带的备注功能，可以对每一位顾客进行标签化的备注。例如，基础的称呼，如黄姐、王姐等。当然，备注越完善、具体，越容易进行顾客管理，例如"喜欢白色鞋，穿 37 码的王姐"。这样就不需要群发消息去打扰不相关的顾客，可以将相应消息直接发给有需求的顾客。这种有效的顾客管理方式，显然会大大提高销售转化的效率。

任何一个实体门店，都可以采取以上 4 种方式在微信号上沉淀自己的流量，并将这些流量"圈"起来，建立自己的"私域流量池"。一旦建立了自己的"私域流量池"，销售转化就会简单很多。

建立一个以数据为标准的模型

对门店经营而言，获取流量是非常关键的工作。但是流量的获取离不开数据的支撑。所以，门店经营者要想获取更多的流量，就应当学会建立一个以数据为标准的模型。

> 有一家做烘焙的连锁店——乐活先生烘焙坊。这家烘焙坊主营生日蛋糕、面包、西点和饮品，有4家实体店，客源也主要来自线下。但是，仅凭线下流量很难获取更多的利润，于是该店想通过微信朋友圈引导流量。

利用微信朋友圈引流的确是一个比较有效的方式。但是采取这种方式也应当掌握一个方法，就是建立一个以数据为标准的模型。

例如，前几天投放 A 广告，后几天投放 B 广告。每天要详细、准确地记录通过不同的广告转化过来的顾客的数据。然后，对这些数据进行精准分析，以寻找到效果最优的广告图片和文案。在确定效果最优的广告后，还要计算出每个顾客的获客成本，以及每个顾客复购几次才能赚回广告费。

这样做其实就是建立了一个以数据为标准的模型，通过这个模型我们可以节约成本并实现最大限度的引流。所以，门店经营者要想低成本获取更多的流量，就要学会建立一个以数据为标准的模型。

建立一个以数据为标准的模型最简单的方式就是打造会员系统。

打造会员系统的意义就是悄无声息地获得顾客的联系方式和消费频次等信息。在这些信息的基础上，建立一个以数据为标准的模型。

北京有一家烤鸭店做过一个"1元吃烤鸭"的会员营销活动。会员到店里来只需要花1元就能吃到原价170元左右的烤鸭，且没有任何附加条件。烤鸭的成本不低，1元的烤鸭怎么销售才能不赔钱呢？

"1元吃烤鸭"的会员营销活动

这家店有100多万个会员，但并不是所有会员都收到了"1元吃烤鸭"的邀请。在给会员发送消息之前，这家店按照3个条件做了筛选。

第一，一年到店消费超过3次以上的会员。这批会员是非常有价值的忠实顾客，邀请他们来是为了做真正的感恩回馈。针对所有顾客的感恩回馈活动缺乏价值感，也很难吸引流量。

第二，半年没有到店消费的会员。这批会员是即将流失或者已经流失的顾客，邀请他们来是为了让他们重新建立起和门店之间的连接。

第三，每次到店消费，桌均消费在300元以上的会员。"桌均消费300元以上"这句话背后的含义是，每次来吃饭都至少是4个人。邀请他们来，他们肯定不会只点一只烤鸭。

按照这样的条件筛选后，最终选出4万人。"1元吃烤鸭"的消息发送给这4万人之后，最终有1万人到店消费，基本都是请客吃饭的人。

　　最后，这家店在这次活动中不仅没有赔钱，还唤醒了许多半年多没有到店消费的顾客，在往后的 3 个月中，这些人平均又到店消费了 2～3 次。这无疑是一次成功的营销活动。

　　这个案例的关键点其实不是活动的策略，而是这家店有会员系统，并且充分利用会员系统建立了一个以数据为标准的模型。在数据的支撑下，才能有的放矢，针对不同的人群细分不同的营销策略。最后，成功激活不同的顾客。

　　所以，门店经营者应当学会打造一个会员系统，而且不要只是将会员系统当成一个形式，而是要充分利用这个系统，建立一个以数据为标准的模型。

流量沉淀：用个人微信号交真正的朋友

　　经营实体门店，把顾客引流到线上，然后在线上做一些活动，的确是一种很好的引流方式。但是不少实体门店在这个过程中会遇到一个问题：微信群的活跃度很难持续，群内气氛一般很难保持活跃超过 3 个月。

　　实际正常情况下，一个微信群的生命周期只有 34 天，除非有持续的优质内容支持。那么，如果不能持续产出优质的内容，实体店要怎么做才能沉淀线上流量呢？

　　我的建议是，把忠实的顾客添加到自己的微信号上，跟他们交朋友。这样做，即便未来你不开店了，也有一波很好的与其他项目有关的种子顾客。

及时回复顾客的消息

　　我每天的工作都很忙，很多时候，我的确没有时间顾及给我发微信消息

的顾客。但是，只要有顾客给我发微信消息，即便当时我没有时间给他详细的答案，我也会第一时间回复，告知对方"收到，晚点细看再回复"。这样做才能给顾客安全感，慢慢地，顾客也会对我产生信任感。

当然，我不只是口头上说会回复，我会用实际行动证明我值得他们信任。无论我忙到多晚，都会回复顾客之前提出的各种问题，有时候甚至会回复几百字的内容。

> 曾经有一位阿姨问我一个很简单的问题：怎么用淘宝买东西。很多人对于这个问题或许会感到不屑，但是我非常耐心地教那个阿姨如何用淘宝购物。我清楚地知道我不只是在回答一个简单的问题，而是在打造自己的个人 IP。

所以，无论有多忙，千万不要忽略顾客发给你的微信消息，要争取第一时间回复他们。

从不说"不"，只说"是的"

当对方在微信聊天过程中发表了和你不一样的观点时，你不妨回复他"是的，不过还有其他的理解……"，而不是回复"不，我不同意"。因为很多时候，矛盾的开始就是因为一个"不"字。这个字会让你们之间的沟通氛围变得紧张，而且会大大降低对方对你的好感。

不要用一些很奇怪的聊天字眼和表情

微信聊天的时候一定不要用一些很奇怪的聊天字眼和表情，例如"呵呵""哦"或者简单的微笑表情，这些都很容易让对方觉得你在敷衍他／她。

总而言之，要珍惜你的微信通讯录里的每一个顾客，真诚、友好、礼貌地对待他们。唯有这样做，你才能打造好自己的个人 IP，获得顾客的信任，让他们愿意跟你交朋友。只有他们跟你成为真正的朋友了，这些流量才能沉淀下来，成为你的私域流量。

微信群转化：找到一个永远存续的心理锚点

很多门店经营者运营微信群的方式是让顾客点击链接以后加入微信群或者直接让他们扫码入群。其实我不建议这么做。因为初期没有建立足够的信任就让他们点击链接或扫码入群，后面很容易出现许多问题。例如，有的人会在微信群里发表不当言论，破坏微信群里的氛围，甚至可能让微信群变成一个"死"群。

门店经营者不妨先用自己的微信号添加顾客的微信号，不要着急建立微信群，而是先让顾客建立对你的微信号的认知。为了让顾客对你的微信号有一个良好的认知，你用微信与顾客交流时要呈现以下两个信息。

第一，我是一个很有趣的老板。

第二，以后要想买东西可以随时在微信上呼唤老板。

和顾客建立信任关系后，就可以建立微信群。运营微信群有一个非常重要的技巧，那就是找到一个永远续存的心理锚点。

什么是心理锚点？心理锚点是一个心理学名词，是指人们平常做事的时候，容易受到第一印象或第一个接触到的信息的支配。这就像沉入海底的锚一样，会把人们的思维固定在一个地方。门店经营者完全可以利用人们的这种心理，在微信群中建立一个永远存续的心理锚点。

例如，建立"430 锚点"。"430 锚点"是指每天下午 4 点半在群里做活动，如发红包或者玩游戏，然后领取红包金额最少的人可以到店里免费领取礼物。这样就会让顾客形成一个心理锚点：每天下午 4 点半的时候关注群里的

活动。这样群里的气氛就会变得更加活跃，流量自然容易转化。

当然，"430 锚点"只是一个例子。具体如何找到一个永远存续的心理锚点，要根据门店的产品来设计，这个心理锚点可以是其他时间或者其他有趣的事情。

线下活动转化：建立顾客心理上的"时间戳"

实体门店做活动的最终目的是转化流量。那么如何才能将参与活动的顾客成功转化为自己的私域流量呢？其实这个问题并不难，我们可以在顾客的心里建立一个"时间戳"，让他们形成在某一个特定的时间点进店消费的习惯。

> 有一位老板开了一家咖啡店，咖啡的价格适中。这家咖啡店开在产业园里。产业园一共有三期，一期、二期差不多有 300 人。开业的时候，这家店做了 3 天"买一送一"的开业活动。此外，针对会员的活动力度很大，充 100 元送 30 元，充 200 元送 70 元，充 300 元送 150，充 500 元送 250 元。但是，开业活动结束之后，店里的人流量并不多，而且到店消费的主要是之前办过会员卡的顾客，没有什么新顾客。

一个门店的开业活动非常重要。一般来说，门店开业期间的营业额必须达到投资额的 40% ～ 50%。那么，如何让门店开业的营业额达到这个标准呢？

很多门店会选择做充值活动，这样的确可以获得现金流。但是，这对品牌的伤害很大，会让店里的产品贬值。我建议门店利用开业充值活动转化流量。

开业充值活动其实很简单。以餐饮店为例，我们可以这样做充值活动：充值 500 元送 6 个月的会员日套餐。会员日是每个星期一。6 个月，就有 26

个星期一。也就是说，只要顾客充值了 500 元，除了这 500 元外，他还可以到店内免费吃 26 顿饭。我们按 20 元一顿饭来算，顾客可以免费获得 520 元的套餐。这样的赠送比例，顾客一般都很乐意接受。

对于门店经营者来说，这 26 顿套餐需要成本。但是这种活动，可以帮助门店确定顾客的消费路径，并在顾客心里建立"时间戳"，即每个周一他们都可以来店里领取一份免费的套餐。这样每个周一就成了店里生意最好的时候。在这种氛围下，即便没有免费的套餐可以领，他们也有很大可能会进店消费。

在开业期间，通过这种充值活动，门店一般都能收回投资额的 40%～50%，特别是在新的市场。

这个开业充值活动的本质其实就是通过免费、定期的活动，在顾客心里建立"时间戳"。这样做，可以对所有顾客进行心理暗示，引导他们形成消费习惯。

> 有一天晚上我去一家开了十几年的烧烤连锁店吃烧烤。吃完以后，服务员跟我说"谢谢老板，明天见"。

我当时的感觉是"明天见"这 3 个字用得太巧妙了，相当于把这句话植入了顾客的脑海，让我感觉如果明天不去，就是一种失约，而且心里会一直惦记着这家烧烤店。这种方式其实也是在建立"时间戳"，非常值得借鉴。

抖音转化："短视频+直播"的内容逻辑

对实体门店而言，有流量才能提高销售转化率，才能获取更多的利润。

作为日活跃用户几亿的短视频平台，抖音是一个拥有庞大流量的平台。对于门店经营者来说，如何吸引、转化抖音平台的流量是低成本获客与销售转化的重要一课。

短视频

虽然抖音已经成为很多门店经营者的日常工具，但是如何用短视频创造内容，利用抖音营销获客，很多人却茫然不知。下面我分享一些抖音短视频的内容逻辑。

抖音的推荐机制很大程度上与内容的垂直度和质量有关，因此，门店经营者要根据门店业务来确定短视频的类型，并持续发布这个类型的高质量短视频。例如，餐饮店适合发布美食类型的短视频，美发店适合发布美发过程、时尚发型的短视频。切忌今天发一条美食短视频，明天又发布一条美发短视频，这样就难以做到垂直，不但不符合抖音的推荐机制，影响流量，还会导致粉丝群体不集中，后期转化困难。

如果门店经营者不知道如何创作垂直度高、质量高的短视频，不妨学习同领域的其他账号，从模仿开始。

在具体的内容创作中还要注意，短视频宜短不宜长，并且要能在最初的几秒就吸引粉丝的眼球。这样才能得到更多的推荐，进而获取更多的流量。

直播

除了短视频之外，直播带货也是抖音平台流量转化的重要渠道。相比传统的销售方式，直播带货通过真人视频动态讲解，更具场景化、生活化，更能刺激消费者购买。

直播带货除了可以满足消费者的购物需求外，还有利于主播打造个人IP，提高粉丝的黏性。

这种"销售＋打造个人 IP"的直播方式非常适合实体门店。门店经营者可以利用直播的方式展示门店的特色产品，一方面为门店吸引流量，另一方面老板也可以借此打造自己的个人 IP。

虽然直播带货的主要平台还是各大电商平台，但因为电商平台对账户、主播的要求门槛较高，所以小门店的老板想要在大的电商平台进行直播并不容易。这个时候，抖音平台就是不错的选择。

一般来说，在抖音平台做直播限制较少，只要年满 18 岁，通过实名认证之后就可以进行直播。但是，要想在直播中销售商品就必须满足一定的条件，例如个人主页非隐私视频 ≥ 10 条，抖音账号粉丝数 ≥ 1 000 人。当天粉丝数刚好超过 1 000 人，直播分享商品权限在第二天才会生效。

门店经营者可以先在抖音平台通过短视频、直播等方式引流，沉淀一定的粉丝量之后就可以开通直播带货了。无论如何，"短视频＋直播"都将是未来一段时间内线上不可忽视的流量池，是门店经营者实现冷启动不可忽视的工具。

淘宝直播转化：互联网版的新销售方式

淘宝直播的定位是购物类直播，主播的数量比较多，可以说已经趋于饱和。所以，个人想通过淘宝直播转化相对比较难，最好有专业的团队。此外，淘宝直播的门槛比较高，需要粉丝数达到 2 万人以上，同时还需要满足以下条件：店铺信用等级需为 1 钻及以上；主营类目在线产品数量 ≥ 5，近一个月的店铺销量 ≥ 3，且 90 天内店铺成交额 ≥ 1 000 元；店铺内不能存在违规或售假行为等。

如果你的淘宝店铺满足相关条件，不妨尝试用淘宝直播的方式进行流量转化。关于淘宝直播，我想分享以下几个信息。

转化冷启动：如何打造"私域流量池"

淘宝直播转化

淘宝直播转化率比较高，且购物意向明确

市面上有很多直播平台，但是相较来说，流量转化率比较高的当属淘宝，主要是因为观看淘宝直播的人购物意向比较明确。

淘宝直播已经形成了大规模

2016 年 3 月淘宝直播成立，在试运营阶段，观看直播的移动用户就超过了千万人，主播数量超 1 000 人。截至 2016 年 5 月，平台直播的场次将近 500 场。

2016 年 4 月 21 日，在某知名博主的拍卖活动中，有 50 万人通过淘宝直播平台围观了该次活动。

2019 年，淘宝直播平台累计用户达 4 亿人次，成交额突破 2 000 亿元。

从以上数据我们可以看出，淘宝直播已经形成了大规模，未来销售类的直播，淘宝当属主流"赛道"。

可以通过抽奖活跃气氛

淘宝直播有一个特别有趣的促销方式——截图抽奖。通常是主播在镜头前说："大家发1，然后我截图抽奖。"这种方式可以活跃直播间的气氛，为直播间吸引更多的流量。

此外，淘宝直播还有一个有趣的操作——商品的价格会随行就市地变。一开始的时候，商品的价格会设置成999元或9 999元的高价，吸引消费者的注意力。然后，主播会在直播间介绍商品，根据热度来重新设置商品的价格。如果大家表现得比较冷淡，那么价格就会适当降低。相反，如果大家的热情比较高，价格也会调高。这种模式不仅可以为直播间吸引更多的流量，还能为商品设置合适的价格，赚取更多的利润。

淘宝直播将全面进入"柜员时代"

未来以淘宝直播为主的电商直播平台将全面进入网络购物的"柜员时代"，这是互联网版的新销售形势。消费者每进入一个淘宝店铺，就可以看到一个直播的广告位。这就相当于线下的销售柜台，而店铺主播就相当于柜员。

就直播的发展形势来看，线上"柜员时代"将是一个大趋势。

腾讯看点直播：微信公域流量转化

看点直播是一个基于腾讯直播能力推出的小程序。它既利用了微信小程序的功能，也利用了更为成熟的腾讯直播的功能。它主要面向的用户群体是微信公众号订阅人群及消费者，供用户订阅、观看、回放微信公众号上的直播。

据腾讯官方数据显示，看点直播的日活跃人数超过1.85亿人次。可见这个公域流量是庞大的，而且这个公域流量支持转化成私域流量，官方还投放了30亿元专门扶持私域流量。

微信公众号"小小包麻麻"是一个拥有 200 多万粉丝，发表过 350 篇 10 万阅读量推文的母婴类微信公众号，也是首批使用看点直播的微信公众号之一。在 1 小时 40 分钟的首次直播中，该微信公众号吸引了超过 13 万人观看，获得了超 11 万条留言，销售了 15 万件商品，销售额超 216 万元。

从以上数据可以看出，看点直播的公域流量是不可小觑的，而且看点直播的门槛相对淘宝直播来说要低一些。所以，门店经营者完全可以利用看点直播，将微信公域流量转化成自己的私域流量。

关于看点直播，我想分享以下几个信息。

微信生态入口，方便好用

看点直播不需要任何跳转，粉丝可直接在微信中观看，方便、好用。

允许大胆引流

看点直播间允许主播利用各种福利引流裂变，而且官方会帮助你（避免"封号"风险）。直播间的公告板也会帮助主播清楚地向粉丝传达与商品相关的信息及优惠、抽奖活动等内容。同时，主播还可以将线上的流量沉淀到自己的"私域流量池"中。

"支付+裂变"体系，可以吸引更多的流量

微信支付为看点直播提供了更多的营销工具。例如，微信支付自有优惠券系统，可以为看点直播提供有力的营销工具，进而能够有效提升销售转化。此外，门店经营者还可以利用好友社交关系链，进一步增加直播间的流量，为门店引入更多的新顾客。

从以上 3 点可以看出，看点直播的目的很直接，即帮助主播引导流量，让他们可以获取更多的私域流量，并且可以让这些私域流量快速变现。所以，

想将公域流量转化成私域流量的门店经营者，不妨尝试一下这种直播方式。

线下交流：把"弱关系"转变为"强关系"

线下交流，可以把门店和顾客的"弱关系"转变为相互信任的"强关系"。当门店跟顾客之间的关系变成了"强关系"，自然不用再担心流量。

如何把"弱关系"转变为"强关系"？关键在于门店如何跟顾客沟通。

> 有一家面馆，经常会赠送顾客一盘特别的小菜，但是没有什么效果，因为很多门店都在这样做，顾客已经司空见惯。我建议店主送菜时对顾客说："我的小孩今天从省城读书回来，我老婆特地为他做了很多基围虾。来，也给你拿点尝尝。"有了这句话，这道菜给顾客带来的感觉会完全不一样。

你平时是否会跟朋友说"点辣子鸡丁可以免费送你一盘四季豆"？肯定不会吧？这是纯商业的做法，不是交朋友的做法。像对待自己的朋友一样对待顾客，更能拉近并加强与顾客之间的关系。

表面上开餐馆是出售饭菜，其实出售的是"人心"，收的也是"人心"，交的是朋友。如果面馆的老板坚持这样做，有50个这样的朋友，而且该面馆的菜品本来就不差，那么他的生意就会变得非常好。这就是跟顾客建立"强关系"的作用。

我们再来看一个案例。

> 成都有一家店叫"尽膳口福乐山跷脚牛肉"。我和这家店的老板刘姐很熟。刘姐的这个店起家于四川乐山，在当地生意非常好。她一心想扩大市场，于是就把店开到了四川省会成都。但是生意很不好，因为成都的餐饮业竞争非常激烈。

但是几年后我再去她的店，生意竟变得超级好，我问她怎么做到的。刘姐说她之前参加了一个餐饮业的聚会，很多业内的朋友给她建议，虽然还是销售跷脚牛肉，但是这次主打产品不是牛肉而是汤。另外，把实体店变成一个社交场合。

什么是社交场合？我用我自己的到店经历来说一说。首先，上菜是由慈眉善目的厨师长把汤端到我们的桌上，就像米其林餐厅的主厨一样。他还会细心地给我们介绍这个汤的由来以及如何喝这个汤等。让人感觉这个汤好像是他毕生的心血之作。注意，并不是因为我是刘姐的朋友厨师长才这样做，他对所有顾客都是这样的。

我们吃完后起身离开，走到门外时，厨房的窗户突然打开了，厨师长特别可爱地探出头来，微笑着跟我们挥手说："慢走，再见，下次再来喝我们家的汤。"厨师长的这些举动会让顾客感觉很温暖，愿意在这家店长久消费。换句话说，这家店快速地将与顾客之间的"弱关系"转变为了"强关系"。

所以，门店经营者要想将与顾客之间的"弱关系"转变为"强关系"，不仅要学会换个角度跟顾客沟通，还要学会从线下环境的设计上拉近跟顾客之间的距离。

【冷启动案例】 加油站如何通过服务传播口碑

◎ 案例背景

有一个老板开了3家加油站，主打产品是汽油、柴油，价格为5.5元/升，算比较低的价格。顾客若加汽油必须进站加油；若加柴油，距离近且在5吨以上的可以送货。一般情况下，3家加油站一个月的营业额为120万元左右。

但加油站的位置都比较偏，即便价格低也很难吸引流量。所以，他想解决的问题是如何通过推广实现引流。

关于加油站的引流，可以参考以下两个建议。

1. 建立社群

加油站可以通过建立社群的方式引流，但是要注意，不要发重复的内容，要学会提高群里的沟通效率。

2. 沉淀老顾客，吸引新顾客

加油站也可以做引流活动，但是这么做的意义不是很大。因为加油站的目标顾客群体非常明确，过度引流反而会影响精准流量的沉淀。所以，加油站要做的事情并不是引流，而是沉淀老顾客，吸引新顾客。具体可以参考壳牌加油站的做法。

在壳牌的加油站，顾客进站的时候加油站的工作人员就会微笑相迎，并且在加油的空闲时间还会问顾客要不要帮忙清洗挡风玻璃。从开始加油到结束，给顾客非常好的体验。顾客的体验好，就会产生口碑传播效应。这就是沉淀老顾客、吸引新顾客的好方法。

实际上，经营加油站的逻辑是地理位置逻辑，并非引流逻辑。所以，在地点因素不能变动的情况下，做好自己的服务是相当重要的。具体来说，就是通过服务转化口碑，服务好老顾客，裂变产生新顾客。

引流只是一个技巧，做好服务才是长久之计。

【冷启动案例】 ▸ **婚庆公司如何有效拓展客户**

◎ **案例背景**

有一家婚庆公司叫"囍房"，主打产品是为顾客定做婚礼套餐。套餐的价格比较便宜，在 8 800～12 800 元不等。该公司经营了一年多，

虽然有不错的口碑，但是业绩并不理想，每个月的营业额在6万～7万元。

该公司最大的困难是顾客访问量低、顾客基数小。为此他们做了很多互动活动，并且和酒店、婚纱、影楼进行了常规的合作，同时线上也通过微信、微博、百度糯米等平台进行推广，但是拓展客户效果并不理想。

婚庆市场其实是一个比较传统的市场，而且婚庆行业是典型的靠案例说话。那么，婚庆公司如何做才能实现有效拓展客户呢？一个很好的方法就是通过线上、线下持续做口碑扩散活动。具体可以参考以下3种方式。

第一，百度 SEO（search engine optimization，搜索引擎优化）（包括淘宝引流）。 百度 SEO 是指利用百度搜索引擎的规则提高网站在有关搜索引擎内的自然排名，目的是让网站在行业内占据领先地位，获得品牌收益。这是一种比较常见的商业行为，能够将婚庆公司的网站排名提高。淘宝也有这种商业模式。这是一种提升品牌知名度比较简单、直接的方法。

第二，第三方异业推荐。 顾名思义，进行异业合作，就是让合作方帮助推广、引流。例如，婚庆公司可以找餐饮店或旅行社门店帮忙推广。

第三，口碑传播。 指婚庆公司努力使顾客通过与其亲朋好友的交流传播产品信息和品牌。这就需要婚庆公司在产品和活动上下功夫，以促进顾客主动帮忙传播。

按照以上3种方式来做，可以取得一定的成效，但是比较耗费精力，性价比不高。所以，如果以上3种方式行不通，婚庆公司还尝试以下两种方式。

1. 造景

在资金充裕的情况下，婚庆公司可以租或者买一个地方造景，或者跟第三方公司合作造景。例如，跟马场合作，专注打造马场婚礼、露天婚礼。这种造景方式能真正建立自己的竞争壁垒和核心产品差异点，也才能真正地实现靠口碑营销。

婚礼做得好不一定有口碑，有场景的婚礼才会有口碑，这样的口碑才能带动婚庆公司的普通婚礼的销量。

2. 宣传案例

婚庆是一个需要案例的行业，例如有创意的婚礼视频或者求婚视频。这些视频其实就是口碑营销的一种方式。例如，跟直升机公司合作，做直升机婚礼或者星空婚礼，然后录制视频、剪辑视频，将其发到网络上。此外，做案例的时候最好重点做求婚的案例，因为求婚案例拼的是创意，费用也比较低。

婚庆公司一定要铭记，案例才是婚庆公司口碑营销的核心，拥有有创意的案例你才能成为消费者心目中的行业老大。

以上都是围绕打造婚庆公司的核心竞争力展开的。婚庆公司要跳出传统思维，捕获消费者的心，才能吸引更多的流量，实现有效拓展客户。

【冷启动案例】 ← **玩具店如何通过销售体验沉淀流量**

◎ **案例背景**

有一家经营玩具的零售公司，旗下有两家实体门店，并且还拓展了 3 个售货点。

该公司于 2018 年加盟了上海葡萄乐园，主要做布鲁可大颗粒积木的零售及玩具体验。在该公司旗下的门店不但可以买到全系列的布鲁可大颗粒积木，还可以现场体验 500 多种积木搭建。

该公司有自己的 IP 形象、教育系统，平时也会定期举办一些营销活动，如积木主题搭建、周末小课堂，会员微信群里还会举办有奖答题活动。但是，该公司的会员微信群设立了门槛，只有购买了产品才能加入。

随着时代的不断变化，该公司在发展过程中也遇到一个比较严峻的问题：如何才能沉淀流量，突破零售困境？

该公司表面上销售的产品是积木，但其实是在销售体验，积木只是体验的道具。如果仅仅是搭建积木，体验感是远远不够的。

我的女儿有一次在电视上看见我，就说想要我帮她"上电视"。于是，我就用快递纸箱做了一个电视机模型，上面还写了电视台的标志。然后，她从电视机模型的底部钻进去表演讲故事，我在外面当她的观众。这虽然没有让她真正"上电视"，但是给了她一种有趣的体验，她非常开心。

好的体验感比达成目标更有意义。如果玩具店只是简单地按照说明书搭建一个积木，很容易让消费者产生无聊、厌倦的心理。所以，玩具店经营的核心应当是把积木当成一个载体，然后通过这个载体销售体验。这样才能跳出行业的原有模式，吸引更多的消费者，甚至可以逆袭成为一家优秀的培训机构或亲子体验机构。

为此，玩具店可以把经营的重心转向社群。例如，每周给群里的家长布置一次需要动脑筋的家庭作业，比如让他们写一个小剧本，把玩具写成鲜活的形象，再一起将其拍成小视频。这样就跳出了玩具本身的玩法，更能吸引家长和小朋友。平时社群活动要尽量简单点，要把重头戏放在周末。周末可以从早到晚，每小时一场活动，邀请社群里的家长带着小朋友到店做类似的亲子活动。长期下来，我相信效果不会差。

玩具店经营的核心并不是销售了多少积木，而是获得了多少家庭。这种资源的变现能力远超你的想象。这种营销模式其实就是借船出海，积累自己的商业资源。

【冷启动案例】 ● **特产淘宝店如何吸引流量并转化**

◎ **案例背景**

吉林省有一家销售吉林特产的淘宝店，主营灵芝孢子粉。综合其他产品，每个月的营业额在 30 万元左右。该店铺的核心差异点是产品是长白山灵芝种植户直销的。

店铺经营中遇到的问题是，虽然之前积累了一些老顾客，但是价格压得很低，很难获得更多的利润。所以，店铺想通过短视频的形式展现长白山的良好生态，以吸引更多的流量，然后把价格提上去。

我不建议该店采取这种方式营销，我的具体建议如下。

1. 创新用户体验

长白山的灵芝孢子粉的确不错，我之前自己也吃过，对身体非常好。但是我吃了几天就没有继续吃了，主要原因有以下两点。

第一，我是在药店里买的，店员让我每天蒸蛋的时候放一点。我觉得很麻烦，体验不好，所以没有坚持吃。

第二，我不想蒸蛋，所以就选择生吃。但是，灵芝孢子粉生吃特别难吃，而且因为它是粉状的，吃的时候很容易弄脏衣服和地板，所以我放弃了。

因此，我的建议是，在保持一定原生态的情况下尽量改善用户体验。例如，香飘飘奶茶。人们喝奶茶的频次低，袋装没有完整地提供了解决方案的杯装更方便。因此，香飘飘就用杯装的方式销售奶茶，取得了很好的效果。

所以，想要提高粉状类产品的销量，一定要进行用户体验上的创新，最好给出简单、完整的解决方案。但是，也不要在包装上做太多的功课，或许只是在给小孩子兑奶粉的勺子上加上刻度，就能给顾客带去更好的体验。所以，灵芝孢子粉需要继续做用户体验上的创新。

2. 用微信公众号转化

该店想用短视频这种方式进行宣传，效果可能不会太好。东北的物产很丰富，长白山的生态很好，这些并不是秘密，不具有足够的吸引力。也就是说，这种方式很难吸引流量。

人们关心的内容有3种。

第一，有用的。

第二，有趣的。

第三，让人产生敬畏之心的。

所以，我建议用微信公众号发科普文章的形式吸引和转化流量，例如，介绍灵芝孢子粉的效用、食用方法的文章。这样的文章更容易让人产生敬畏之心，对用户来说也是有用的，会促进他们转发。一旦有转发就会有流量，有流量就能带动产品的销量。

3. 找销售渠道合作

就灵芝孢子粉这款产品的特点来说，拍短视频做内容宣传还不如找销售渠道合作见效快。例如，把品牌标签定位为"白领的健康利器"，解决办公室的亚健康问题。然后找一些有创业者或白领群体资源的商家、自媒体合作推广和销售。

对产品进行精准定位，然后实实在在地找销售渠道合作，比拍短视频宣传见效更快。

升级冷启动：
如何打开老店的新市场

07

市场需求是不断变化的，老店如果不主动改变，就会失去新市场。老店不能守着过往的风光过日子，应当根据市场需求不断升级，打开更多新的市场。

升级的度：符合当下消费者的需求

为什么很多品牌要升级？品牌升级是因为消费者的认知升级了，需要品质更好的产品。这个品质不仅是物质层面的，还有精神层面的。因此，升级一定要把握一个度，这个度就是符合当下消费者的需求。以现在的眼光看 10 年前的好广告，其设计似乎并不吸引人。但是，为什么这些广告在当时影响那么大呢？主要是因为它们符合当时消费者的需求。

> 豪客来西餐厅是一家连锁西餐厅。早些时候，因为大家都没有吃过西餐，没有吃过牛排，觉得用刀叉吃牛排是一件很洋气的事情。于是，豪客来就以高端餐饮的品牌形象出现了。当年的年轻人认为这是一种高端消费。

豪客来从 1993 年一直经营到现在，将近 30 年时间。为什么它的生意可以一直那么好？因为它在不停地进行品牌升级。

随着经济的不断发展和生活水平的不断提升，人们的消费认知也在变，吃西餐已经不是一个高端消费了。而且消费者关注的不再是产品的价格，而是产品的质量。于是，豪客来又开始对品牌进行升级，将餐厅悄无声息地变成家长带小孩子吃饭的地方。

2019 年 6 月，豪客来推出了一款儿童餐新品——嘟嘟牛排套餐。餐盘是黄色汽车造型，菜品里除了主菜牛排，还有各种各样卡通造型的茄汁蔬菜意面。这样做主要是为了让美食更好看，让孩子觉得吃饭很有趣。新品一经推出，果然深受孩子们喜欢。

饭后，还有专门为孩子制作的甜品——秋小栗慕斯，上层覆盖了酸甜爽口的水果，搭配趣味横生的卡通儿童专属餐具，让孩子爱不释手。

豪客来推出的儿童套餐——嘟嘟牛排套餐　　豪客来专门为孩子制作的甜品

主厨在新品品鉴会现场透露："豪客来牛排有很大一部分的家庭消费者，我们从中发现，孩子的吃饭问题是困扰家长的一大难题。孩子的餐食有别于成人，如何给孩子选出吃得更健康、更营养，同时符合小孩子口味的牛排？这是我们需要思考的问题，豪客来牛排举办的新品品鉴会就是我们给大家的一个答案，希望得到大家的认可！让孩子们吃得更健康、更营养、更美味、更有乐趣。"

实际上，早在 2018 年 5 月，豪客来就与营养师王斌签约，并陆续推出了豪小牛成长套餐等深受孩子喜欢的产品。那个时候豪客来就已经意识到，消费者对儿童营养越来越重视。这其实就是一种消费认知的升级。

"势"上升级：文化洞察，打造差异化品牌

"势"上升级，就是要从文化层面洞察，打造差异化品牌。例如，专注于女性短发的美容美发店，这种业务就属于"势"上的创新升级，是基于文化洞察的创新。有不少女性会在失恋、换工作或者发生重要事情的时候剪短发，这个业务就可以满足她们剪短发的需求。这种创新有很强的差异性，能吸引较多的女性消费者。

如果门店能围绕"势"这个层面展开升级，那么将会获得更大的市场和机会。

但是，很多老店在打开新市场的时候，往往只会盯着产品创新。这种创新当然是有效的，但是未必能成为一个真正的、有潜力的突破口。所以，任何一个老店都应该尝试从"势"上升级，多从文化层面洞察市场，找到更具爆发力的机会。

为了让大家更深入地了解文化层面的创新，我们来看一个案例。

> 有人问：越野车的女性消费者渐多，她们的消费动机是什么？面对这个问题，我心里已经预设了一个答案：越野车开起来安全，空间也更大，可以放婴儿车，一家人出门也很方便。然而，我的女性朋友告诉我的答案是："女人应该开越野车，有气势。"从朋友的回答中可以看出，女性对越野车的需求已经发生变化并且在增长。早在 2007 年，日本一家 SUV（sport utility vehicle，运动型实用汽车）公司就发现了女性的这个需求，并设计了一款海报，海报上面是一位女性和一辆 SUV。

以往 SUV 公司更关注的是男性的需求，主打男性市场，但是随着时代的变化，女性对 SUV 的需求在逐步增长。所以，生产和销售 SUV 的商家和品牌，可能都需要重新梳理消费者的需求变化，对自己的营销模式进行创新。

很多时候，文化创新的机会要远远大于产品创新的机会。所以，老店要想打开新市场，一定要学会从文化层面洞察市场，去发现并把握更多的机会。

日本一家公司2007年的SUV广告海报

"道"上升级：创新运营模式，提高服务能力

"道"上升级，就是从运营模式上创新，提高服务能力，例如，快剪服务。

> 不少男性觉得美容美发的流程太复杂，会浪费他们很多时间。因此，有人推出了一个10分钟的快剪服务，不洗、不吹，剪完就可以走。例如家乐福、沃尔玛这样的大型超市里都有快剪服务。

这种快剪服务，其实就是运营模式上的创新。

再分享一个我自己的故事。

自从我的妻子生了二胎后，全家人都围着孩子转。妻子虽然尽心尽力地照顾孩子和家庭，但是免不了会有一些小抱怨。她抱怨买菜很辛苦，希望我可以分担这件事。但是我平时工作比较忙，没有时间去买菜。于是我跟她说：

"我把每个月买狗粮的事情承包了。"

结果我发现，买狗粮看似是一件非常简单的事情，但实际上非常麻烦。虽然狗粮的型号是固定的，但是有些网店有活动，有些网店没有活动，我通常需要花一些时间去对比在哪一家店购买比较划算。而且我的妻子交代，一次只能买一袋，要买新鲜的，不能囤货。其实，这中间蕴含着一个巨大的商机，甚至可以说是颠覆性的商机——补给经济。

在我们日常购买的物品里，几乎 50% 的物品都是补给式物品，如牙膏、卫生纸、狗粮、调味品、米、牛奶等。我们会长期重复购买这些物品，而且不需要每次购买的时候都去研究太多的品牌信息、产品功能。只是补给一种物品还好，但是如果需要循环着去补给家里需要的各种物品，就是挺痛苦的一件事。这就是消费者的痛点。痛点在哪里，需求就在哪里。所以，谁能够实现并推广一键式购物、补货，谁就有可能拿下规模巨大的补给经济的市场。

亚马逊推出的一款产品 "Dash Button"（一键购物按钮）

一键购物按钮可以贴在洗衣机上

亚马逊曾推出一款产品叫"Dash Button"（一键购物按钮），是一个上了电池的塑料按钮，在亚马逊的售价是 4.99 美元 / 个。这款产品可以连接 Wi-Fi 和蓝牙，用手机进行设置。这个按钮的背面有双面胶，你可以贴到所有你想贴的地方。例如，你在家里的马桶上贴一个这种按钮，你上厕所的时候，发现卫生纸快没了。你只要一按这个按钮，就会通过 Wi-Fi 直接在亚马逊网站上下单。下单的商品就是你之前在手机上设置好的某品牌的卫生纸，在你绑定的信用卡上直接扣款。亚马逊收到订单以后，会立马通知你家附近的配送站配送，30 分钟内卫生纸就能送到。

同理，你也可以在家里的洗衣机上贴一个按钮，一按就可以立马下单购买洗衣液。厨房里也可以贴几个分别可以下单购买酱油、面、米等物品的按钮。我家孩子的尿不湿、奶粉，狗的狗粮，乌龟的龟粮，就可以借助这个按钮通过一键式的购买实现补给。这个小工具对我来说，实在是太实用了。

一键购物按钮可以贴在柜子上

其实一键购物按钮只是第一步，这是一个十分宏大的创新平台，即一键补给服务（dash replenishment service）中的第一步棋。亚马逊这项野心勃勃的技术应用还可以把传感器直接安装在产品上，不需要用户按按钮就可以自动触发补给订单。

例如，在打印机上内置一个功能，将传感器和亚马逊下单挂钩。当打印纸快用完的时候，纸就能直接送过来。亚马逊已经对所有厂商开放了这个接口，任何产品的厂商都可以调用这个功能来打造自己的全自动补给服务。兄

弟墨盒，惠而浦和通用的洗衣机、烘干机以及三星的很多产品中，都调用了亚马逊的这个自动补给的接口，可以实现全自动补货。

自动重新订购
当剩余的商品数量下降时，产品会通过设备自动重新在亚马逊上订购。

增加收入
您可以根据销售设备设计和制造的正品，或者您可以从制造企业重新订购商品。在这种情况下，您可以获得自动重新订购商品的特定费用，这样您就可以创造新的机会来发展您的业务。

轻松合作
您只需10行代码即可开始使用Dash Replenishment服务。连接到网络的设备将代客户下订单，而不必管理与订单有关的地址、支付方法和计费系统，这为亚马逊提供了低价、丰富的分类和可靠的送货服务。

客户满意度
通过使用Dash Replenishment服务，您可以为您的客户提供为您的设备设计和制造的正品产品，从而提高客户满意度并增加设备参与度。

它是如何工作的

客户链接他/她的亚马逊账户和设备，并选择您要自动重新排序的项目。当设备测量到跟踪产品的使用情况时，当库存低时，使用Dash Replenishment服务重新订购，亚马逊将把物品运送给客户。
Dash Replenishment服务使用Login with Amazon（LWA），亚马逊的简单通知服务，RESTful API端点，仅使用10行代码链接设备和云。

例如，在带有内置传感器的宠物自动送料器的联网设备上，测量容器中剩余的宠物食物量，并在其消失之前重新排序。
点击此处了解详情

亚马逊推出的全自动补货服务

当购买这些产品的消费者不再自己去购物时，实体店里的推销、优惠券吊牌、展架、促销活动等传统促销手段，几乎都失效了。这个时候，各种产品的营销人员都得思考一个令人非常不安的问题：所有的购买路径都不复存在了，如何向消费者推销产品呢？或许，你可以现在就开始考虑是否做一个自己品牌的"一键下单按钮"，或者抢先在中国做一个一键下单平台。其实这两种方式的本质就是创新运营模式，提高服务能力。

"术"上升级：创新营销模式，引流裂变

从"术"上升级，是指创新营销模式，引流裂变。几乎所有的传统行业都可以通过创新营销模式来为实体店引流。

【冷启动案例】 ◆→ **传统书店升级：销售消耗时间的生活方式**

◎ **案例背景**

　　有两家书店的主营项目都是图书销售，也都开了 10 多年。规模小的书店主要做零售，规模大一点的书店主要做教辅书代理、批发兼零售。每个月的营业额都在 2 万～ 10 万元。

　　虽然经营得还可以，但是书店的老板认为时代在变化，顾客的需求也在变化，如果书店不进行升级转型，很快就会走向衰亡。但是他不知道应该如何做才能让书店成功转型。

　　关于书店升级转型可以从以下几个方向进行思考。

1. 消耗时间，做好顾客体验

　　以前的书店销售的是产品——书，而已经升级转型成功的书店或未来的书店销售的是生活方式——消耗时间。互联网时代显著的特征是加快了人们生活和工作的节奏。因此，很多线上项目都是在帮助大家节约时间，提高大家的工作和生活效率。如果线下门店想做得更好，就应当跟线上反着做，即要消耗大家的时间，做好顾客体验。

　　以星巴克为例，对于普通大众来说，喝咖啡并没有什么特别之处。但是，对于年轻人来说，去星巴克点一杯咖啡坐着，是一种生活方式，这种方式能够满足他们内心对悠闲生活向往的需求。同样，书店也可以通过销售生活方式吸引更多的顾客。

　　在这方面做得比较好的书店是"方所"和"言几又"，它们非常注重顾客体验。不过，以案例中的这两家店的经营情况来看，它们的团队以及经济实力可能无法承担这种升级转型带来的风险，不能直接照搬"言几又"的模式进行升级转型，但可以朝着这个方向去思考。例如，书店不是靠销售书赚钱，

而是靠销售饮料、咖啡、文创礼品赢利。所以，书店不要紧盯着书，而要把目光放得更宽，学会拓宽经营范围。

2. 在当下思维逻辑的基础上进行升级

因为这两家书店在小城市，而且主要销售教辅书，所以，我还是建议它们延续当下的思维逻辑，在此基础上做一些升级。例如，可以每周邀请老师来书店里上公开课，或者在书店门口放不同的题目邀请进店的学生做，谁能最快做出来就能获得一定的折扣优惠。另外，还可以放一些书桌（如果实体店的面积允许），这样可以吸引更多的学生来看书、写作业。把书店打造成当地学生自习的一个场所，这样就能不断地吸引学生到店学习、购书。

3. 建立学习的社群

书店的老板可以建立一个学生学习的社群，例如 QQ 群、微信群。老板可以经常在社群里发一些题目，如果有人能第一时间给出正确的答案，就可以获得买书的优惠券。这样就成功地突破了空间的限制，为书店引入更多的流量。

以上建议只是书店升级转型的一个方向。传统门店升级转型的重点是要注重原有的思维逻辑，在此基础上做一些小改动，实现一定程度的升级。

【冷启动案例】 → 植物店升级：赋予场景化的差异

◎ **案例背景**

贵阳市有一家门店，其创始团队有 4 个人，一位教师、一位本科毕业生（建筑学专业）、一位司机和一位销售。门店主打的产品是植物和容器。销售渠道是上门推销，也会找酒店、餐厅和各种门店的负责人建立合作关系。

据调研，贵阳市做植物销售的有两种形式：一种是花卉市场，另一种是零散的花店。也就是说，并没有一个很好的品牌在做植物销售，更没有后续的服务。但是这家门店可以提供免费的植物维护服务、传授养护知识，并且会帮助顾客进行植物搭配设计。其目的是以"内容＋服务＋产品"的形式将自己的门店打造成一个专注于回归自然生活的品牌。

这样的门店做得比较好的都在一线城市，贵阳市还没有这样的门店，这是这家店的优势所在。

但是，创业并没有想象中那么简单。在门店启动阶段，创始团队就遇到了很多问题，例如门店选址、启动资金。由于前期资金不足，创始团队打算先不开实体店，先积累流量，等有一定流量之后再开实体店。但是，创始团队不确定这样做是否行得通，也不确定前期如何去做营销。

1. 不一定要开实体店

成都有一家"植窟工作室"，这家店的老板是一个很执着的植物学家，门店主要的赢利方式是育种项目。"植窟工作室"是一个比较有情怀的地方，可以吃饭，可以聊天。但是，在餐饮这块这家店几乎在亏钱，而且人流量也不是很大。所以，我觉得销售植物不一定要开实体店。因为养植物对场地的要求比较高，投资回报率相对来说比较低。

2. 赋予场景化的差异

关于门店的宣传，可以结合性格赋予场景化的差异。例如，某种性格的人适合在卧室、阳台养什么植物，这就是场景差异化，可以成为品牌的第一辨识点。此外，店铺也可以建立一个植物爱好者的社群，利用社群实现流量沉淀。

升级冷启动：如何打开老店的新市场

3. 把植物变成"动物"

> 我家里有一台3D打印机。空闲时间我会琢磨用3D打印机或家里的各种五金工具做些好玩的东西。有一天我突发奇想，想做一个把植物变成"动物"的东西。其实很简单，就是做一个造型像动物的花盆。花盆下面有轮子，里面种多肉植物，并埋一些传感器。每天早上10点，这个花盆就会自己转动，去寻找有阳光的地方，自己主动晒太阳。当植物发现自己"口渴"了，花盆还会自动去装狗粮的碗里用水泵"喝"水。此外，我们还可以通过语音的方式指挥装植物的花盆做一些简单的动作。

随着人工智能技术的发展，这些功能在技术上都可以实现，这个产品的价值其实在于沉淀数据。如果仅仅是自己一个人养植物，数据量太少。如果有很多喜欢养植物的人都买这个花盆，那么就可以实现数据沉淀。因为不同的地区、不同的气候条件下的人都可以把自己养的植物的数据同步到服务器云端，例如几点浇水、几点晒太阳或是躲太阳，那么其他人就可以参考这些数据养同样的植物，既提高了植物的存活率，又可以和有共同爱好的人建立社交关系。这个价值就远远超过自己一个人养植物的价值。

【冷启动案例】 ← **童装店升级：品牌分离**

◎ **案例背景**

有一家专门销售女童童装的门店，主打产品是女童T恤、外套、校服、棉服等。

每个月的营业额在300万元左右。虽然收入还不错，但是市场竞争太激烈，老板想寻找新的经营模式，逆势而上。

童装行业的市场机会其实很大，我很看好这个行业。但是，由于现在童装行业甚至整个服装行业大部分都是粗犷型的发展方式，市场上没有差异化明显的产品。所以，童装行业最大的市场机会就是创新，打造差异化优势。

具体来说，可以从以下两个方面入手。

1. 坚持质量，做我国真正的儿童时装品牌

例如，专注做儿童的节日服装，类似国外的晚礼服。虽然国内的晚礼服使用场景没有国外多，但是有过节穿新衣服的文化根基。所以，我们完全可以把国外的晚礼服概念转化为国内的节日服装，还可以对这个市场进行细分。

这个市场其实很大，因为很多家长都比较关注孩子的穿衣品位。该店老板需要做两件事情：找钱（融资）和找人（人才）。例如，到北京的 798 去找艺术师设计衣服，这其实就是一个竞争优势。因为其他店铺的服装设计都是设计师设计，但是该店的所有服装设计都是艺术家设计。这给消费者的感觉会大不一样，吸引力自然会更强。

同时还可以借势营销。例如，给服装行业的关键意见领袖的孩子送店里的服装，请他们帮忙宣传。慢慢地，该店在目标消费人群中的品牌知名度就大了。这时候流量就不成问题了。

2. 跨界创新

我们可以回想一下，在 20 世纪 90 年代初儿童鞋泛滥、竞争激烈的时候，亮亮鞋是如何脱颖而出的。答案是跨界创新。童装门店经营者也可以采取跨界创新的方式打造差异化优势。

例如，把综艺节目里撕名牌的概念用到童装上，名牌上可以写"今天我第一次洗碗了""今天我又学会了 5 个汉字"……给小朋友一种在学校被老师贴小红花的感觉。这些文案还支持定制，也可以让家长写上自己想说的话。

升级冷启动：如何打开老店的新市场

这样既能激励小朋友，还能将衣服变成一种亚文化。

童装行业很有前景，童装门店经营者当前要做的是真正沉淀下来去创新，做品牌。只有这样做，童装门店才有可能发展得更好。

【冷启动案例】 ━● 装修公司升级：业务分离

◎ 案例背景

有一家装修设计公司，一年的营业额为 3 500 万～4 000 万元，经营了 5 年。公司目前存在的问题是建材、运输、经营模式都非常传统，主要项目都来源于老板个人的资源。公司的优势是工装项目较多、施工团队稳定、做工扎实、销售渠道广。

这家公司旗下有几十个装修队，但是老板不知道如何做才能激活这些装修队，实现业绩翻倍。

传统企业创新转型只有两条路。

第一，花钱投资年轻人。例如，拿出一些钱投资给年轻的装修设计师。因为他们是未来，是趋势。只有把握住趋势，我们才能把握住更多的机会。

第二，给年轻人做供应链支持，做后端。例如，对业务进行分离。一方面继续做原有业务，另一方面成立基金投资产业链做支持，成为集团化公司。这方面可以参考"丽维家"的发展布局。"丽维家"的格局非常大，从橱柜开始起家，如今全国的厨具用品店几乎都有"丽维家"的产品，后来它又代理了全世界知名的板材品牌"克诺斯邦"。可以说，"丽维家"的融资能力非常强，商业决策非常清晰、有节奏，团队有执行力。案例中公司发展需要的正是这样的经营模式。

【冷启动案例】 ● 餐饮店升级：改变消费者对餐饮的认知

◎ **案例背景**

　　一位老板有两家冷锅串串店，之前因为地理位置的原因关闭了一家店，剩下一家店的面积有90平方米，主打产品是自己命名和改良的一种铁板冷锅串串。生意好的时候，门店一天的营业额在2万元左右。

　　该店在行业的排名还不错，因为刚开业的时候比较火，知道它的人也不少。在其经营的3年中，很多同行的店都倒闭了。该店之所以生意还可以，是因为老板会通过各个渠道，投入很大的成本去推广。

　　但是，现在餐饮行业的大环境是消费降级，各项经营成本增加，行业经营人数增加，竞争加剧，同质化严重，宣传渠道的流量成本增加了，但效果下降了。在这样的情况下，该店老板不知道要如何做才能获得更多的流量。

　　这个问题确实比较棘手，因为一般来说，餐饮店的生命周期是2～3年。过了这个周期就很难做了，因为店铺对消费者来说已经没有新鲜感了。除非重新换店名，重新装修，但是这样做的风险比较大。

　　我的建议是，可以尝试主动出击，创造出一种新的模式。据我了解，该店周围的写字楼比较多，所以可以参考楼道咖啡的做法，用一种移动便携的设备把串串移到写字楼楼道里，以"扫楼"的方式去销售。除了销售产品，还要学会往自己的门店引流，例如发传单引流或者微信引流。只要消费者有需要，随时送货上门。这样做可以给消费者带来一种新的体验。这种体验很容易吸引办公人群，实现一定程度的引流。如果持续做下去，应该会取得不错的效果。

升级冷启动：如何打开老店的新市场

【冷启动案例】 ←·→ **西餐店升级：包装"空间"的概念**

◎ **案例背景**

　　孙女士于 2014 年 8 月开了自己的餐厅——橡树，位于勒泰中心庄里街 3 楼，面积有 320 平方米。2015 年 9 月搬至勒泰中心庄里街 5 楼。每日的营业额在 8 000 元左右。2017 年 10 月 27 日搬至大经街绿地·中山里，每日的营业额在 3 000 元左右。

　　餐厅的整体布局如下。

　　一层为餐饮区，提供西式简餐、特调鸡尾酒，适合大众消费。

　　二层为威士忌、雪茄区，提供单一麦芽威士忌、日式或英式鸡尾酒、雪茄，适合高端商务人士消费。

　　但商业街整体消费氛围不足，宣传力度不够，不被大众认知。所以，孙女士迫切想解决客流量的问题。

　　西餐行业确实整体上有走下坡路的趋势，没有特色的西餐或者不是像豪客来那样的平价大众西餐很难吸引人。因为西餐厅的场景并不适合新时代的年轻人约会，他们更愿意去一些好玩、有趣的餐厅。这是西餐厅没落的一个关键原因。

　　所以，该餐厅要弱化西餐的概念，重点推广咖啡或饮品。例如，300 元咖啡无限畅饮包月卡或 1 人 300 元 / 月，不限次数地喝某种咖啡。这些喝咖啡的人很有可能留下来吃西餐，这样就能成功实现顾客沉淀。此外，还可以给创业公司提供工位，例如一个位置一个月多少钱，并提供咖啡等饮品。

　　西餐对年轻人的吸引力可能不是很大，因为他们更喜欢"空间"的概念。所以，西餐厅升级的方向可以是提供一个舒适的消耗时间或者谈事情的空间，而咖啡、西餐这些都只是这个空间的配套服务。

◎ 案例背景

江苏省宜兴市（紫砂原矿产地）有一家店铺，主要从事紫砂壶销售。90% 的销售额来自代理商（本地代理商占 80%）。每个月的营业额在 30 万元左右。

店里的产品与其他店的差异不大，因为很多都是贴牌生产。最大的差异就是壶的落款。紫砂行业的行规决定了对底款（即所谓的制作者）归属感很强。

门店经营者计划做生活化的紫砂品牌，品牌文化是"严选真紫砂，畅想真生活"，但是他不知道要如何去做营销。

这个时代喜欢用紫砂壶喝茶的年轻人在慢慢减少，因为他们觉得那样喝茶麻烦、效率低。当然，不排除有一部分人喜欢。所以，紫砂壶店可以参考以下两种思路来升级。

1. 按照原来的思路做，做得更深

店铺主要还是以打造匠人师傅 IP 的思路去做，但是要做得更深。我们可以对这些匠人师傅进行包装，例如，和一条、二更等视频内容自媒体合作包装宣传。此外，还可以多上一些创业节目。品牌知名度提升之后，就可以发展更多的代理商。

这样做的缺点是不够新颖，因为依然是按照老思路在做。好处就是比较稳妥，不会存在太多障碍，执行起来也比较方便。

2. 完全跳出原有思路，做得更新

若要换一种思路，就要完全跳出原有思路，完全原创一个行业。例如，紫砂杯——年轻人，喝茶身体好。这样做其实就是专攻年轻人市场，打造一个非常时尚的紫砂壶品牌。

这种市场的销售其实并不难做，我们可以全部"嫁接"现成的年轻的茶叶品牌的渠道。例如，时尚茶的淘宝店。也可以参考专门销售铜手工艺品的"铜师傅"的销售经验。

采取这种营销模式比较难的地方是，对团队的要求比较高。团队一定要懂品牌，懂互联网运营。所以，要想采取这种营销模式，门店经营者就要找到合适的人。

【冷启动案例】 ▶ **办公家具店升级：跳出行业，升维竞争**

◎ 案例背景

上海市有一家经营办公家具品牌的门店。这个门店有两位创始人，一个人负责产品设计和市场销售，另一个人负责生产。店里主营的产品是现代风格的办公家具，主要的销售渠道是互联网，每个月的营业额在 200 万元左右。

产品的定位是中高端办公家具，顾客群是高端写字楼里的新租户、有实力的民营企业等。展厅在上海也是数一数二的，但就是精准流量太少。

这家店和同行最大的差异在于产品的设计感，品牌在行业内能排到中上水平。据了解，行业内做得比较好的是 POSH 办公家具，其做得好的原因是渠道开发能力较强。

这家店在经营中遇到的问题有以下两个。

第一，推广渠道比较单一，主要依靠搜索推广。

第二，虽然服务做得很用心，但是一直没有主动要求顾客帮其宣传，很难吸引更多的流量。

关于该办公家具店的升级，我有以下两点建议。

1. 继续做好搜索推广

先继续做好搜索推广，再尝试依靠其他平台进行营销，例如在淘宝开店。开淘宝店未必要成为重心，但是完全可以把淘宝作为一个引流平台。只要将产品上架就可以吸引一定的流量。

2. 跳出办公家具行业做办公家具

例如，结合有着"强关联"的家居设计，考虑桌子怎么摆放、怎么匹配绿植等问题。为此，可以专门运营一个自媒体号，长期发各种办公室布置的案例。每次案例讲完后，可以推荐几款办公家具。其实这是一个很好的引流方式，以第三方中立的角度来引流，而且有很大的概率引发广泛的传播。需要注意的是，一次只能推荐几款办公家具，否则会被认为是恶意引流。

此外，还可以和一些本地的办公室装修公司合作，让它们推荐办公家具等。这些营销方式都可以帮助办公家具店实现流量裂变。

【冷启动案例】 ← 母婴店升级：做好社区的社交营销

◎ 案例背景

有一家母婴店，主要经营 0～12 岁孩子的吃、喝、玩、穿等产品，主打产品是奶粉、童装、洗护用品。这家门店是一个社区店，面积有 160 平方米。门店主要依托周围小区的住户消费，每个月的营业额在 12 万元左右。

门店运营的时间不长，所以没什么名气，而且周边还有 7 家母婴店。在行业中做得比较好的店铺是"漂亮宝贝"。"漂亮宝贝"有好几家店，其中一家店铺有一个 3 000 平方米的游泳池，还配置了摄影、DIY（do it yourself，自己动手制作）烘焙等项目。据门店经营者研究，

"漂亮宝贝"做得比较好的方面有很多,例如在儿童摄影这块做得很好,而且还跟医院联合做"妈妈课堂"。

这家母婴店应该如何升级才能实现突围呢?

母婴店升级是一个很有发挥空间的项目。这家母婴店属于社区商业。简单来说,社交商业销售的已经不是商品,商品只是载体,主要是为顾客提供服务。例如,顾客逛宜家其实并不是为了买家具,而是去玩,然后顺便买家具。

就消费时代的发展趋势而言,社区未来的社交需求会很大。所以,社区母婴店不妨现在就适当地进行一些创新尝试。例如,每周末在实体店门口举办各种有趣的少儿活动,通过这些活动添加家长的微信,建立门店的社群。然后,以微信群为载体,让家长分享自己的育儿经验,比如分享如何在家自己做推拿解决小宝宝的夜哭、肠绞痛等问题,再如,让家长收集快递纸箱并在周末把快递纸箱带到实体店来和孩子一起做手工。这类亲子活动的关键是让实体店和家长建立连接,让家长和家长建立连接,满足家长们的社交需求。

总的来说,运营社区母婴店的一个核心理念就是让家长和孩子来店里做各种有创意的亲子活动,然后顺便购买店里的产品。

【冷启动案例】 ▶ 五金店升级:集中式会销

◎ 案例背景

四川省的一个县级市有一家门店,创始人是一对夫妻。门店的面积在60平方米左右,还在城郊有共700平方米的展厅和库房。早期店里的主打产品是家装用品、工程用品、灯具等。后来,主打产品换成了灯饰照明、电工五金用品、卫浴洁具、日用电器等。

　　该店主要的销售渠道是给经销商批发配送、中小工程供应商订购、水电工到店购买等。该店跟同行的核心差异是该店主要做批发，规模比较大。

　　该店在该县级市的同行业中排名第一，比它做得更好的是地级市的同行，规模都比较大，这对该店来说也是一个冲击。所以，该店急需解决的问题是如何通过升级，用较少的成本抢占更多的经销商和顾客资源。

关于五金店升级，我有以下两点建议。

1. 采取集中式会销

由于五金类产品的消费频次比较低，获客难度较大，所以，可以采取集中式会销。集中式会销，是指通过组织同一时期要装修的人一起团购。具体来说，就是多拉一些同行门店合作，共享资源，一起给各自的经销商和顾客打电话，邀请他们来参加线下团购节。这种方式能够有效抢占更多的经销商和顾客资源。

2. 把握顾客心理，做好线下销售

线下团购其实相当于引流，但是能不能成功引流并获得更多的利润，关键在于是否能把握顾客的心理。

我的建议是，线上、线下产品同步，但是线下可以展示更多的产品，尤其是价位高一些的产品。例如，线上销售的有 900 元的马桶，那么线下也同步展示 900 元的马桶。但是在这个马桶的旁边可以放一个价格为 1 200 元或者 2 000 元的马桶。这样做可以让顾客产生比较心理，他们很可能会考虑加几百元购买一个更好的马桶。这样就可以给门店带来更多的利润。

升级冷启动：如何打开老店的新市场

【冷启动案例】 ● 连锁西饼店升级：线下往线上引流

◎ **案例背景**

有一家连锁西饼店开通了微信公众号商城，准备走"线上＋线下"的经营模式。但是，该店在运营线上商城的时候遇到两个问题。

如何有效提高商城粉丝的成交转化率？

在不花很多钱的前提下，如何有效吸引顾客？

适合该店的引流方式是线下往线上引流。具体来说，我有3个建议。

（1）顾客关注微信公众号并转发其中一篇文章到朋友圈或微信群就可以获得优惠或者领取奖品。

（2）在微信公众号里打造会员系统。会员卡是通过微信公众号菜单里的会员系统实现的。门店经营者可以找一些专业的技术人员帮自己开发系统。

（3）在每个蛋糕包装上或塑料袋上贴一个二维码。扫描二维码后关注微信公众号可以获得一次线上抽奖的机会，每个人几乎都可以获得奖品。但是，这个奖品必须下一次到店消费的时候才能领取。这其实又实现了下一次的引流。这种引流模式非常简单，效果也很好。

【冷启动案例】 ● 家居建材店升级：上下游异业合作

◎ **案例背景**

有两家家居建材门店，主打产品是马桶、抽油烟机、热水器。两家店每个月的营业额在30万元左右。

门店经营中遇到的问题是只要有活动就可以吸引更多的顾客上门；一旦没有活动就没有人流量。但是，活动的成本比较高。门店想通过社群的方式引流，但是不知道如何做。

家居建材行业的确是一个低频、很少有复购的行业。但是，上下游异业合作的机会比较多，如果真下定决心做一个和一般社群不一样的社群，有一个比较"狠"的思路。这个思路不一定适合所有的城市，所以仅供参考。

1. 做社群联盟

例如，针对瓷砖、卫浴等不同的产品，做不同的社群，由不同的人运营。该店为家具建材行业社群联盟的发起人，所以要制定社群联盟的一些规则，并要求所有社群严格遵守。此外，还要对社群负责人进行培训，教会他们如何运营社群，特别是社群活跃度的维护。

2. 子社群收费

这个社群联盟里所有的子社群全部实行收费政策，例如，按 100 元 / 人收费。因为有进入门槛顾客才会珍惜。这个社群的名字可以叫"× × 市家居建材平价社群"。

社群里几乎每天都有平价的商品推荐。在社群销售产品的门店只在进价的基础上加价 10% 作为服务费，并且必须提供该产品的进货单据。不愿意这样做的门店不允许加入社群联盟。一旦发现有产品价格比市场价格高的情况，该店就要被移出社群联盟。管理者一定要严格执行这个政策。

此外，每个门店每周或每月至少要提供一个平价商品给社群里的顾客，让顾客真正得到实惠。这样才能吸引更多的顾客。

3. 实现流量裂变

每一个人收 100 元，其实并不是为了赚这 100 元，主要目的是让顾客介绍朋友加入社群。如果有转介绍，可以给顾客返 90 元作为奖励，这样可以促成裂变。

此外，社群里还有一些装修专家、家居布置专家等，可以随时解答大家在装修、家具选购、家居布置方面的问题。这也是实现流量裂变的一种比较好的方法。

以上只是一个大的思考方向，具体细节还需要结合自己所在的城市和具体项目思考。

【冷启动案例】 ━━● 驾校升级：把驾校服务拆分成"零件"销售

◎ **案例背景**

贵阳市有一家驾校，创业团队一共有 5 个人，没有代理商和分销商。招生的主要渠道是发传单、贴广告，每个月的营业额在 32 万元左右。

该驾校与其他驾校的差异是有自己的考试场地。但是，该驾校在行业内的排名并不靠前，面临的关键问题是没有合适的营销方案，招生困难，而且团队的执行力不强。

驾校应该如何升级？我有以下几点建议。

1. 用升维营销的思路打开市场

为了区别于同行，建议该驾校用升维营销的思路打开市场。例如，增加一个新的服务——漂移学习。这样对外打出的宣传语可以是：××××——一所可以学漂移的驾校。因为漂移的难度高于一般的驾驶学习，这样可以突出驾校更专业、规格更高，对学员来说更具吸引力。许多年轻人也会因为这件事有趣而主动拍照、拍视频发到社交媒体上。这样可以帮驾校进行口碑传播，吸引更多的潜在顾客。

2. 把驾校服务拆分成零件进行销售

在常规思维里，驾校服务就是一个程序化的整体，先考科目一，再考科目二、科目三、科目四，最后拿到驾照。但是人和人是有差异的，并不是每一个人在这 4 个科目上都可以做得很好。例如，有的人倒车入库练不好，有的人路考不过关。所以，驾校完全可以把驾校服务拆分成零件进行销售。

我有一个朋友，他就把驾校服务进行拆分销售。他不仅拆分了驾校服务，还把驾校服务放到淘宝上销售。每个商品就是一项驾校服务，例如，学半天倒车入库多少钱，学半天侧方位停车多少钱等。甚至还提供针对外国人考驾照的英文服务以及针对大学生的按揭贷款学车服务。

这种把驾校服务拆分成零件的销售方式，不仅增加了学员的下单频次、增加了利润，还让学员获得了良好的体验。

3. 提升顾客体验

驾校可以在淘宝上购买一批"驾驶模拟舱"，放在自己的实体店。然后，可以长期邀请年轻人免费体验模拟驾驶。利用这种方式，可以更好地提升顾客体验。顾客体验好，他们便会主动去分享，这样驾校又能成功引入更多的流量。

【冷启动案例】 ——► 线上店铺升级：学会讲故事，打造自有IP

◎ 案例背景

有一家生产、销售毛绒玩具以及动漫衍生毛绒制品的工厂。工厂的员工总共有100多人（生产工人100人左右，销售人员以及电商客服有10多人）。客户资源分为线上和线下两种：线上沉淀的主要是1688批发网的礼品商、贸易商、电商，客户大约有1 000多个；线下的客户主要是各大城市的线下批发市场商户和当地的网店，客户大约有100个。

销售渠道也分为线上和线下。线上销售渠道主要是两个1688店铺、一个淘宝店铺和一个拼多多店铺。线下销售渠道是一个实体批发商店。工厂每个月的营业额在100万元左右。与同行相比，其核心差异点是有专业的设计师做原创设计，并且在慢慢地形成自己的风格和影响力。

该工厂在经营过程中遇到的主要问题是：客户流失严重，行业内价格战成风，利润率日益下降。

该工厂的供应链能力不错，但是比较偏向生产端。在这样的经营模式下，工厂如果不进行升级转型，未来发展可能会遇到更多的问题。

我的建议是打造自有 IP。虽然不可能在短期内打造出像迪士尼那样的 IP，但是完全可以朝着这个方向去努力。否则，工厂只会变成代理工厂，只能赚取价值链中比较廉价的那部分利润。

那么如何快速打造 IP 呢？

快速打造 IP 的核心就是讲故事。例如，用现有的玩具，通过摆拍的形式，每天创造一个有趣的短视频来讲故事。其实就是把热点事件拍成动画的形式播放（多张图片轮换组成的视频）。这样可以很快地把自己的产品打造成具有一定影响力的 IP。

无论每天多忙，我都会抽出两个小时陪伴我的女儿，会想各种花样来和她一起玩。有一次，我陪我女儿玩一个恐龙玩具。我就让女儿给恐龙取一个名字，然后跟她一起给恐龙拍视频。最后，我让她根据这个视频讲故事。这个故事或许不是那么有趣，但是很利于打造个人 IP。门店完全可以用这种方式去讲故事，打造门店的 IP。

和女儿一起拍视频